Franz-Josef Nocke/Hans Zirker
Einübung in die Systematische Theologie

Franz-Josef Nocke / Hans Zirker

Einübung in die Systematische Theologie

Kösel-Verlag München

Reihe: Studienbücher Theologie für Lehrer
Herausgegeben von Theodor Eggers

CIP-Kurztitelaufahme der Deutschen Bibliothek

Nocke, Franz-Josef:
Einübung in die Systematische Theologie / Franz-Josef Nocke ; Hans Zirker. – München : Kösel, 1984. –
(Studienbücher Theologie für Lehrer)
ISBN 3-466-36073-0
NE: Zirker, Hans:

ISBN 3-466-36073-0

Gesamtherstellung: Kösel, Kempten.
Umschlaggestaltung: Günther Oberhauser, München.

Inhalt

Einführung

Dieses Buch ist aus einer Reihe von Proseminaren zur Einführung in die Systematische Theologie hervorgegangen. Die Studierenden sollten in einem solchen Proseminar ein erstes Verständnis von Theologie gewinnen, das Verhältnis zwischen Glaube, Kirche und theologischer Wissenschaft in den Blick bekommen, den Wissenschaftscharakter von Theologie reflektieren und in diesem Zusammenhang die wichtigsten Argumentationsweisen katholischer Systematischer Theologie (Schrift, Tradition und neue Erfahrungen als »Quellen«) und ihre Begründung kennenlernen. Dabei sollten sie sich – wenigstens anfangshaft – auch mit der Problematik auseinandersetzen, welche sich mit all diesen Begriffen verbindet. Des weiteren sollten sie fähig werden zum sachgerechten Umgang mit Texten und schließlich auch einige Hinweise zu formal exaktem, wissenschaftlichen Arbeiten erhalten. Da die Studienzeit immer viel zu kurz ist und da man außerdem am besten am konkreten Beispiel lernt, sollten in diesem Proseminar über das rein Methodische hinaus auch schon einige *Inhalte* Systematischer Theologie (z. B. Glaubensbegründung, Christologie) angeschnitten werden.
Ein entsprechendes Arbeitsbuch muß also sowohl theologische *Inhalte* als auch die *Methode* Systematischer Theologie zur Sprache bringen. Das erstere geschieht vorwiegend (wenn auch nicht ausschließlich) in den Kapiteln 1–4, das letztere in den Kapiteln 5–8 dieses Buches. Der Leser findet zu jedem Problemkreis

- eine absichtlich sehr knapp gehaltene Einführung,
- eine Sammlung von Texten, die so reichlich angelegt ist, daß man daraus auswählen kann (die Texte sind mit eingerahmten Zahlen fortlaufend numeriert),
- sowie kurze Erläuterungen und Arbeitshinweise zu den einzelnen Texten (diese sind jeweils mit • markiert).

Im Rahmen der Proseminararbeit kann das vorliegende Buch also vor allem zwei Funktionen haben: Es bietet Texte, die als Grundlage für Seminardiskussionen, Gruppengespräche und Einzelarbeit dienen können, und es gibt einen Leitfaden dafür ab, welche Themenbereiche etwa bei einer Einführung in die Systematische Theologie anzusprechen sind.
Das Buch wird als Ganzes von beiden Autoren gemeinsam verantwortet. Dem an der persönlichen »Handschrift« interessierten Leser sei mitgeteilt, daß die Kapitel 2, 5 und 6,1–3 von *Franz-Josef Nocke* und die Kapitel 1, 3, 4 und 6.4 von *Hans Zirker* entworfen wurden. Kapitel 7 verfaßte *Dr. Konrad Hilpert,* Hochschulassistent in Duisburg.

1 Zur heutigen Situation des Glaubens

1.1 Glaube als Traditionsgut in einer sich wandelnden Welt

Der christliche Glaube ist nicht nur in bestimmter geschichtlicher Situation entstanden und von dieser Herkunft geprägt. Er bezieht sich vielmehr auch immer wieder und ausdrücklich auf seine Vergangenheit zurück, in der er sich begründet sieht. Nur im Blick auf sie kann er sich richtig verstehen. Zugleich macht ein solches geschichtliches Bewußtsein aufgeschlossen für die Erfahrung des Wandels im Laufe der Zeiten. Darauf gehen die folgenden drei Texte von unterschiedlichen Perspektiven her ein.

• *Peter L. Berger* ist ein amerikanischer Soziologe, der vor allem die kulturelle Erarbeitung und die persönliche Aneignung von gesellschaftlichem Bewußtsein – darunter auch religiösen Überzeugungen – untersucht. In dem ausgewählten Textabschnitt geht es ihm um die Notwendigkeit und die Funktionen von Tradition. Mehrere Gesichtspunkte verdienen dabei besonders Beachtung:
– die Eigenheiten religiöser Tradition gegenüber der umgreifenden Geschichtlichkeit aller menschlichen Kultur,
– die wechselseitige Angewiesenheit von Erfahrung und Tradition, von Subjektivität und Institutionalisierung,
– die Annahme mehrerer »Realitäten«, zwischen denen eine »Übersetzung« notwendig ist (vgl. hierzu auch *Kapitel 4.2*),
– der Zusammenhang von Tradition und Autorität.

Zwar spricht *Berger* im zitierten Text nur an, wie Tradition funktioniert; doch liegt es nahe, auch mitzubedenken, wie dabei überkommene kulturelle Orientierungs- und Verhaltensmuster wirkungslos, ja sogar störend und schädlich werden können (vgl. hierzu *Text 2* von Bischof Wilhelm Kempf).

1 Religiöse Erfahrung ist [. . .] nicht universell und in gleichem Maße unter den Menschen verteilt. Mehr noch, selbst Menschen, die eine solche Erfahrung mit dem sie begleitenden Gefühl überwältigender Sicherheit gemacht haben, erleben es als sehr schwierig, ihre subjektive Realität über die

Zeitläufe hinweg zu bewahren. Religiöse Erfahrung wird deshalb in Traditionen verkörpert, die sie jenen Menschen vermitteln, die sie selbst nicht gemacht haben, und die diese Erfahrung für sie wie für jene, die sie gemacht haben, institutionalisieren.

Die Verkörperung menschlicher Erfahrungen in Traditionen und Institutionen ist natürlich keineswegs nur für die Religion eigentümlich. Im Gegenteil, sie ist ein allgemeines Merkmal menschlichen Daseins, ohne das ein Sozialleben nicht möglich wäre. Der besondere Charakter der religiösen Erfahrung bringt jedoch eine Anzahl von Problemen mit sich. An erster Stelle steht die Grundtatsache, daß religiöse Erfahrung die Realität des normalen Lebens aufbricht, während doch alle Traditionen und Institutionen Strukturen *innerhalb* der Realität des Normallebens bilden. Die Übertragung der erfahrenen Inhalte von einer Realität zur anderen führt fast unvermeidlich zur Verzerrung. Der Übersetzer beginnt zu stammeln oder zu umschreiben, Dinge auszulassen oder hinzuzufügen. Seine Aussagen gleichen denen eines Dichters unter Bürokraten oder denen eines Menschen, der auf einer Geschäftskonferenz über seine Liebe erzählen möchte. Das Problem bestünde sogar dann, wenn der Übersetzer keinen anderen Beweggrund als den hätte, seine Erfahrung Menschen mitzuteilen, die solche Erfahrungen nicht gemacht haben. In diesem Fall kommen freilich Nebenabsichten von ganz besonderer Art hinzu, nämlich die Motive derer, die ein starkes Interesse haben an der Glaubwürdigkeit und Autorität der Tradition, welche die Übersetzung verkörpert.

Religiöse Erfahrung setzt ihre eigene Autorität, sei es mit der Majestät göttlicher Botschaft in Offenbarungsreligionen, sei es mit dem überwältigenden inneren Realitätsgefühl des Mystikers. Wenn die Erfahrung sich in einer Tradition verkörpert, geht die Autoriät auf sie über. Genau diese Qualität des Heiligen wird in der Tat von dem, was *damals* in einer anderen Realität erfahren worden ist (Gott, Götter oder welche anderen übernatürlichen Wesenheiten auch immer), auf das übertragen, was *jetzt* in der irdischen Realität des Alltagslebens erfahren wird. Auf diese Weise tauchen heilige Rituale auf, heilige Bücher, heilige Institutionen und heilige Funktionäre dieser Institutionen. Das Unaussprechliche wird nun ausgesprochen, und es wird *routinemäßig* ausgesprochen. Das Heilige ist zur Gewohnheitserfahrung geworden, das Übernatürliche ist gleichsam »naturalisiert«.

Aus: *Peter L. Berger,* Der Zwang zur Häresie. Religion in der pluralistischen Gesellschaft, S. Fischer Verlag, Frankfurt a. M. 1980 (orig.: The Heretical Imperative, New York 1979), 60f. – Der letzte Satz des ersten Abschnitts ist in der deutschen Übersetzung fehlerhaft und wurde hier nach der amerikanischen Originalausgabe korrigiert.

• Der nächste Text hat deutlich eine andere Perspektive und einen anderen Charakter als der vorhergehende. Ihm geht es nicht um grundsätzliche soziale Verhältnisse, sondern um unsere heutige gesellschaftliche Situation, in der Traditionen verlorengehen oder zumindest in ihrer Geltung geschwächt sind. Dies wird hier nicht in dem wissenschaftlichen Interesse des Soziologen wahrgenommen, sondern in der pastoralen Betroffenheit des ehemaligen Bischofs von Limburg, *Wilhelm Kempf.* Deshalb ist es bei diesem Text wichtig, neben der *Beschreibung* des gesellschaftlichen Tatbestandes besonders auch auf dessen *Bewertung* zu achten.
Wie dieser Text unsere Lage darstellt, läßt sich am besten dadurch differenziert erfassen, daß man danach schaut, welche *Dimensionen unserer sich wandelnden Welt* er hie und da anspricht: den Ablauf der Zeiten, den Wechsel von Orten und Räumen, die Änderung von sozialen Beziehungen und Funktionen, den Umbruch von Werten und sonstigen geistigen Orientierungen.
Angesichts des nicht zu verleugnenden Traditionsverlusts sieht der Autor *verschiedene mögliche Reaktionen.* Es wäre über den Text hinaus zu überlegen, wie diese sich konkret in Kirche und außerkirchlicher Öffentlichkeit äußern, insbesondere, welche Konsequenzen sich aus der Erwartung und Forderung des Bischofs ergeben müßten.

2 *Das moderne Leben hat seine Überlieferungen verloren*

Die Älteren von uns haben in vielen Fällen noch mit überkommenen Sitten und Gebräuchen leben können. Das gilt für die heutige jüngere Generation nur noch in sehr beschränktem Ausmaß und entfällt in den modernen Neubaugebieten – zumal im Bereich unserer Großstädte – nahezu ganz; denn Traditionen haben bodenständige gewachsene Gemeinschaften zur Voraussetzung.
Der Verlust von Traditionen hat mancherlei Gründe. Teilweise liegen sie in dem häufigen Ortswechsel, den Familien heute aus beruflichen Gründen vollziehen müssen. Der folgenschwerste Ortswechsel, zu dem nach dem Zweiten Weltkrieg viele Familien genötigt wurden, war die Vertreibung aus der angestammten Heimat. Dadurch wurden viele Menschen auch geistig und religiös entwurzelt. Der Berufswechsel führt oft auch zu einem

Wechsel des Bekanntenkreises, der Lebensumstände, des Milieus und bringt dann den Verlust alter Gebräuche, Ordnungen und Orientierungen mit sich.
Mit dem Verlust überkommener Traditionen haben wir viele Selbstverständlichkeiten verloren, die man früher einfach voraussetzen konnte. Alle Eltern wissen, wie schwer es geworden ist, Kinder zu erziehen, und wie unsicher sie selbst dabei sind. Es stehen ihnen keine bewährten Traditionen mehr zur Verfügung, die man ohne weitere Überlegung in der Erziehung verwenden und weitergeben könnte.
Die sakramentale Ordnung der Lebensphasen, die feierliche Begehung des Jahresfestkreises, die durch Gebetszeiten und gemeinsame Mahlzeiten geformte Tagesordnung lassen sich vielfach nicht mehr einhalten und sind weggefallen. Was den Menschen und den Christen früher in Zeiten der Anfechtung hilfreich getragen hat, das trägt ihn heute nicht mehr. Er muß sich immer wieder neu entscheiden und sich selbst eine christliche Tagesordnung geben. Immer weniger ist selbstverständlich. Wir sind heute mit viel Unsicherheiten und Ängsten geplagt, weil wir gar nicht mehr sehen können, womit anfangen und wohin gehen.
Auch in der christlichen Gemeinde sind wir im Umgang mit unseren Traditionen verunsichert. Es gibt Menschen in unseren Gemeinden – ich habe sie schon erwähnt –, die an dem Verlust von Traditionen schwer tragen und deshalb ängstlich jeden Lernprozeß, jede Veränderung abwehren. Andere, die sich von Traditionen beengt und gebunden fühlten, meinen, daß es für das Leben notwendig ist, zu lernen und weiterzukommen. Lernen und das Bewahren von Überlieferungen aber dürfen sich in der christlichen Gemeinde nicht gegenseitig ausschließen.

Aus: *Wilhelm Kempf*, für euch und für alle, in: *Ders.*, Auf Dein Wort hin. Briefe des Bischofs von Limburg an die Gemeinden des Bistums zur österlichen Bußzeit 1972–1981, Lahn-Verlag, Limburg 1981, 170–267, hier 209f.

• Der Dogmatiker *Walter Kasper* sieht in seinen folgenden Ausführungen die Wahl zwischen einem mehr *statischen* und einem mehr *dynamischen* Verständnis von Kirche und Glaube sowohl faktisch durch den Ablauf der Geschichte als auch theoretisch durch die theologischen Stellungnahmen des Zweiten Vatikanischen Konzils entschieden.
Freilich sind damit für ihn die *gegensätzlichen Bewertungsmöglichkeiten* und *emotionalen Folgen* noch nicht erledigt (vgl. hierzu auch

M. Seckler, *Text 6*). Wohl unterscheidet Kasper deutlich zwischen dem *theologisch Gerechtfertigten* und den *unbedachten Folgerungen* verschiedener Tendenzen; aber dennoch sieht er die *ungelöste Schwierigkeit* in der theoretischen Zuordnung von Kontinuität und Wandel innerhalb der Geschichte.
Man kann an Beispielen eigener Wahl (vgl. etwa die Texte zu *Kapitel 6.4*) prüfen, inwieweit die Vorstellung eines *bleibenden »Kerns«* und einer *variablen »Form«* dem Verständnis hilft; wo aber auch die Grenzen dieses Modells spürbar werden.

3 Das Vatikanum II hat als Grundcharakteristikum unserer Zeit den Übergang von einer mehr statischen Ordnung der Wirklichkeit zu einer mehr dynamischen und evolutiven Sicht herausgestellt. Wir leben immer weniger in einer Welt mit unveränderlich feststehenden Ordnungen; wir erkennen vielmehr, daß alle konkreten Ordnungen geschichtlich geworden sind und daß wir sie heute, wenn wir mit den Entwicklungen einigermaßen Schritt halten wollen, wieder geschichtlich verändern müssen. Dieses geschichtliche Bewußtsein hat seit den Reformbestrebungen des II. Vatikanum auch bei breiten Kreisen der Kirche Einzug gehalten. Sie mußten erkennen, daß vieles von dem, was sie bisher für unveränderlich gehalten haben, geschichtlich bedingt und geschichtlich überholbar ist. So vieles ist in Bewegung geraten, daß das triumphalistische Bild von der Kirche mit einer unverrückbar feststehenden »ewigen« Ordnung unweigerlich der Vergangenheit angehört. Die Kirche hat anerkannt, daß sie an keine bestimmte Kultur gebunden ist und daß sie sich in den verschiedenen Kulturen geschichtlich je neu verwirklichen muß. Sie ist sich überdies bewußt geworden, daß solche Erneuerung nicht billige Anpassung sein darf, sondern dem Ruf zur Umkehr entspringt. Die Kirche weiß sich deshalb als in der Zeit wanderndes Gottesvolk, als ecclesia semper reformanda.
Diese Einsichten mußten fast zwangsläufig zu einer Krise im Identitäts- und Kontinuitätsbewußtsein vieler Gläubigen führen. Sie waren viel zu sehr in den triumphalistischen Vorstellungen einer unwandelbaren Kirche befangen; das Wort Neuerung bedeutete in dieser Vorstellungswelt nichts anderes als Häresie. [. . .] Auf der anderen Seite hat ein teilweise geradezu enthusiastisches Aufgreifen des Begriffs Geschichte und Geschichtlichkeit zu Relativismus und zu Willkürlichkeiten geführt, die theo-

logisch kaum zu verantworten sind. Denn nicht nur ein dogmatischer Fixismus widerspricht dem Wesen der Kirche als wanderndem Gottesvolk, auch ein schrankenloser Relativismus und Okkasionalismus ist unhaltbar, wenn er nicht mehr deutlich machen kann, wie es in aller Variabilität und Diskontinuität der Geschichte um die *eine* Geschichte des *einen* Evangeliums geht. Die Verlegenheit in diesem Punkt ist freilich erheblich. Wir haben bisher kaum befriedigende Lösungen für dieses Problem. Denn die geläufige Unterscheidung zwischen der wandelbaren Form und dem bleibenden Kern ist völlig unzureichend. Wir haben den unwandelbaren Kern niemals »chemisch rein« neben einer bestimmten Form, sondern nur jeweils geschichtlich vermittelt.

Aus: *Walter Kasper,* Erste Stellungnahme, in: *Frans Haarsma u. a.,* Kirchliche Lehre – Skepsis der Gläubigen, Verlag Herder, Freiburg u. a. 1970, 37 bis 96, hier 87 bis 89.

1.2 Glaube in pluraler Gesellschaft

Die Verständigung über den Glauben kann sich nie nur auf dessen *mitteilbaren Gehalt* richten, sondern muß auch den *Glaubensvollzug,* die *Gläubigkeit* in den Blick nehmen (siehe hierzu *Kapitel 2*). Dabei wird deutlich werden, daß das Glauben-Können nie allein eine Sache des Individuums, seiner persönlichen Aufgeschlossenheit, Einsichtsfähigkeit und moralischen Integrität ist. Jeder gewinnt seine Überzeugungen – von Kindheit an – in der Gemeinschaft mit anderen und demnach auch in Abhängigkeit von ihnen. Ob wir etwas für wahr oder falsch, für gut oder schlecht, für nützlich oder schädlich, für schön oder häßlich, für möglich, wahrscheinlich oder gar notwendig halten, ist mitbedingt durch die Art und Weise, wie die Menschen um uns her ihre Welt sehen. Wir hören, was andere sagen; wir nehmen wahr, was sie tun; wir erfahren, worauf sie sich berufen und auf wen sie sich verlassen. Wo wir in unserer Umgebung Einstimmigkeit finden, fühlen wir uns bestätigt; in dem Maße, in dem diese Übereinstimmung fehlt, werden wir irritiert und genötigt, unseren eigenen Standort auszumachen. Aber auch hierbei halten wir danach Ausschau, von wem wir Zustimmung oder Widerspruch bekommen. Unsere Annahmen, Vermutungen und Gewißheiten werden immer in einem sozialen Feld aufgebaut. Wenn uns dieses nicht schon stabil vorgegeben ist, versuchen wir es uns in eigenem Bemühen zu schaffen (vgl. auch *Kapitel 3.2*). Die folgenden beiden Texte beleuchten unter diesen Voraussetzungen unsere neuzeitliche Situation.

• *Peter L. Berger* (s. von ihm schon *Text 1*) macht darauf aufmerksam, wie unsere Beziehung zu *Religion und Weltanschauung* eingebettet ist in unser gesamtes *Alltagsleben*. In einem scharf angelegten Kontrast stellt er *Gegenwart* und *Vergangenheit* mit den kennzeichnenden Stichwörtern *»Wahl«* und *»Schicksal«* einander gegenüber. Seiner Beschreibung dieses Gegensatzes läßt sich eine ganze Liste heutiger Möglichkeiten und Erfordernisse entnehmen, die noch leicht fortgesetzt werden kann.
Mit der Polarisierung von »Wahl« und »Schicksal« ist freilich noch keine eindeutige *Bewertung* gegeben. Es ist für beide Verhältnisse zu überlegen, wo jeweils die *Vorteile* und *Nachteile* liegen – sowohl im Hinblick auf die *gesellschaftlichen Beziehungen und Funktionen* wie auch auf die *psychische Verfassung der einzelnen*.
Wenn dieser Text betont, daß die Welt für uns *planbar* geworden ist, bleibt aber auch zu überlegen, wo sie aufgrund der vielen Wahlmöglichkeiten für den einzelnen *unüberschaubar* und *undurchsichtig* wird; wo er damit auch schnell die Grenzen seiner selbständigen Verfügung erfährt; wo er in die erhöhte Gefahr gerät, von anderen *verplant* zu werden.
Über die vorliegenden Ausführungen Bergers hinaus kann man außerdem überlegen, welche der *möglichen Wahlen* – insbesondere im religiös-weltanschaulichen Bereich – für uns vielleicht nur *theoretisch* naheliegen, uns aber nicht wirklich zur Entscheidung herausfordern (wie z. B. bei den meisten die Konfessionszugehörigkeit), welche Variablen unserer Gesellschaft uns dagegen kräftig *beunruhigen* können, weil sie in unsere Biographie *nachhaltige Alternativen* eintragen.

4 Der moderne Mensch lebt also in einer Welt der Wahlmöglichkeiten, die in scharfem Gegensatz steht zu der Schicksalswelt, die der traditionelle Mensch bewohnte. Der moderne Mensch muß in zahllosen Situationen des Alltagslebens wählen, doch diese Notwendigkeit zur Wahl reicht auch in die Gebiete der Glaubens- und Wertvorstellungen sowie der Weltanschauungen hinein. Zu entscheiden heißt jedoch zu reflektieren, nachzudenken. Der moderne Mensch muß anhalten und eine Pause einlegen, wo der prämoderne Mensch in unreflektierter Spontaneität handeln konnte. Ganz einfach, der moderne Mensch muß sich auf bewußteres Denken einlassen, *nicht* weil er intelligenter wäre, *nicht* weil er sich auf einer Art von höherem Bewußtseinsniveau befände, sondern weil seine soziale Situation ihn

dazu zwingt.[1] Diese Notwendigkeit zu wählen und *ipso facto* der Notwendigkeit zu pausieren begegnet er in verschiedenen Lebensbereichen.
Das gewöhnliche Alltagsleben ist voller Wahlmöglichkeiten, angefangen von der höchst trivialen Wahl zwischen miteinander konkurrierenden Konsumwaren bis hin zu weitreichenden Alternativen im Lebensstil. Auch die Biographie ist eine Abfolge von Wahlen, von denen viele, wenn nicht die meisten erst mit der Modernität möglich wurden, Wahlmöglichkeiten hinsichtlich der Bildungs- und Berufslaufbahn, der Ehepartner und -»stile«, der alternativen Erziehungsweisen, der beinahe unbegrenzten Vielfalt freiwilliger Bindungen, sozialer und politischer Engagements. Diese letzteren stellen den einzelnen im allgemeinen vor gesellschaftliche Wahlmöglichkeiten, von denen einige weitreichende Folgen haben, etwa Wahlmöglichkeiten zwischen alternativen politischen Programmen für die Gesellschaft insgesamt, zwischen »alternativen Zukünften« jeglicher Art. In einer geschichtlich bisher einmaligen Weise plant der moderne Mensch sein eigenes Leben und das seiner Familie, genauso wie moderne Gesellschaften ihre kollektive Zukunft planen.

Aus: *Peter L. Berger,* Der Zwang zur Häresie. Religion in der pluralistischen Gesellschaft, a.a.O., 32f.

● Der Soziologe *Franz-Xaver Kaufmann* charakterisiert das Verhältnis von Vergangenheit und Gegenwart mit dem Gegensatz von *»Institution«* und *»Organisation«,* d. h.: Während früher die Gesellschaft über *vertraute und verbindliche Komplexe von Wertvorstellungen, Normen und Verhaltensmustern* verfügte, die ein geregeltes Zusammenleben fast naturwüchsig gewährleisteten, sind heute an deren Stelle (etwa durch Bürokratisierung) vermehrt *formalisierte und rationalisierte Abläufe* getreten, die planvoll für die Ordnung bestimmter öffentlicher Lebensbereiche eingerichtet und allein nach ihrer derart begrenzten Funktionstüchtigkeit und Zweckmäßigkeit beurteilt werden.
Obwohl dieser Gegensatz von »Institution« und »Organisation« auf einer anderen Ebene angelegt ist als der von »Schicksal« und »Wahl« in dem vorausgehenden Text von Berger, lassen sich doch aufschlußreiche Entsprechungen erkennen. Man vergleiche z. B.,
– wie sich nach beiden Texten unsere heutige Gesellschaft zu *Wertordnungen* verhält,

[1] Dieser Satz ist in der deutschen Übersetzung lücken- und fehlerhaft; er wurde nach der amerikanischen Originalausgabe korrigiert.

- was jeweils zur Gestaltung einer individuellen *»Biographie«* bzw. zur Ausbildung einer persönlichen *»Identität«* (einer »konsistenten Persönlichkeitsstruktur«) gesagt wird,
- vor welche Erfordernisse damit im einen wie im anderen Text der einzelne gestellt wird, wenn er sein *Leben verantworten* will.

Formal ist der Text von Kaufmann terminologisch schwieriger, in den Aussagen komprimierter und in der Veranschaulichung zurückhaltender als der vorausgehende. Damit ist es hier auch stärker angebracht, mit *Paraphrasen und Beispielen* das eigene Verständnis zu prüfen, insbesondere aber nach den *Konsequenzen für die Situation des Glaubens* unter unseren gesellschaftlichen Bedingungen Ausschau zu halten.

5

1. Industrialisierte Gesellschaften sind in wesentlich geringerem Maße auf gemeinsame Normen und Wertvorstellungen der Gesellschaftsangehörigen zu ihrer Stabilisierung angewiesen als vorindustrielle Gesellschaften. Technisierte Kommunikation und organisatorische Vorkehrungen, zunehmend auch komplexe Planungs- und Steuerungsprozesse stabilisieren überwiegend den gesellschaftlichen Zusammenhang. *›Institutionen‹ werden durch ›Organisationen‹ ersetzt.*
2. Daraus resultiert einerseits die Möglichkeit des *Weltanschauungspluralismus* und eine zunehmende Abstraktheit der noch allgemein akzeptierten Wertvorstellungen. Andererseits wird es den Individuen zunehmend schwieriger, reale Anknüpfungspunkte zu einer Identifikation mit der so komplex und abstrakt gewordenen Gesellschaft zu finden. Die Bedingungen der Identität von (organisierten) sozialen Systemen und Personen treten zusehends auseinander.
3. Dementsprechend wird es immer schwieriger, Normen glaubhaft zu machen, die gleicherweise für individuelles und kollektives Handeln verbindlich sind. *Individualethik und Sozialethik sind kaum mehr miteinander vermittelbar.*
4. Unter dem Gesichtspunkt der Sozialisation von Individuen zeigt sich, daß diese nicht mehr durch eine oder mehrere *ineinander*gelagerte soziale Bezugsgruppen (Familie, Verwandtschaft, Dorf) erfolgt, sondern daß der Heranwachsende sehr unterschiedlichen Sozialisationseinflüssen (z. B. Familie, Nachbarschaft, Schule, Pfarrei, bandenartige Gruppen von Gleichaltrigen, Betrieb, Massenmedien usw.) unterworfen ist. Soll die Sozialisation noch zum Aufbau einer konsistenten Persönlichkeitsstruktur führen, *muß eine wesentlich komplexere Bewußt-*

seinsstruktur entwickelt werden, in der das Moment der subjekthaften Reflexion als stabilisierender Faktor immer bedeutungsvoller wird.

Aus: *Franz-Xaver Kaufmann,* Theologie in soziologischer Sicht, Verlag Herder, Freiburg u. a. 1973, hier 107f.

1.3 Erscheinungsbilder der Kirche

Wenn unsere Überzeugungen – also auch die des Glaubens – immer durch unsere gesellschaftliche Umgebung mitbedingt sind (vgl. *Kapitel 1.2*), dann kommt der Frage, wie sich uns die Kirche darstellt, eine besondere Bedeutung zu. Sie ist nämlich nicht nur die Institution, die beansprucht, den Glauben verbindlich zu lehren, sondern zugleich auch der soziale Ort, an dem sich erweist, wie dieser mehr oder minder ansprechend realisiert wird. Wohl kann man gegenüber allem menschlichen Bemühen den nachsichtigen Vorbehalt haben, daß es immer hinter den gegebenen Möglichkeiten zurückbleibt; dennoch darf die Erscheinungsform der Kirche nicht nur als ihre belanglose Oberfläche und Außenseite abgetan werden. Sie ist immer auch die *Ausdrucksgestalt* ihrer inneren Verfassung.
Freilich hängt es nicht allein von der Kirche ab, wie sie öffentlich eingeschätzt wird; dazu tragen auch die allgemein verbreiteten Erwartungen, Wahrnehmungsraster und Urteilsneigungen bei. Deshalb ist das Erscheinungsbild der Kirche immer auch aufschlußreich für die Gesellschaft, in der sie sich mit ihrem bestimmten Ansehen befindet.
Die ausgewählten Texte wollen selbstverständlich nicht eine umfassende und differenzierte Beschreibung der heutigen kirchlichen Situation und der Urteile über sie geben; sie heben nur einige auffallende und charakteristische Züge hervor. Gemeinsam ist dabei allen vier Ausführungen, daß sie von keinem ihrer unterschiedlichen Ansätze her zu einem einheitlichen, harmonischen und beruhigenden Bild gelangen.

• Für den Fundamentaltheologen *Max Seckler* ist es der bezeichnendste Grundzug der gegenwärtigen kirchlichen Situation, daß sie in gesteigertem Maß zu *Polarisierungen* reizt: Erstens sind die Verhältnisse im einzelnen immer wieder zweideutig und lassen entgegengesetzte Bewertungen zu; zweitens führt aber auch diese Erfahrung selbst erneut zum Widerstreit der Einschätzungen (s. auch Walter Kasper, *Text 3*). Während uns der Text diese *spannungsvollen Beziehungen und entgegengesetzten Fronten (nach verschiedenen Ebenen differenziert)* deutlich nennt, führt er nicht gleichermaßen aus, an welchen *inhaltlichen*

Momenten sich diese Konflikte entzünden. Hier können wir unsere eigenen Erfahrungen und Kenntnisse einbringen (vgl. auch die folgenden *Texte 7* und *8*).
Die abschließenden Fragen Secklers verweisen noch einmal darauf, daß die Theologie in dieser Situation nicht einfach und selbstsicher mit schlichten Antworten die Verlegenheiten ausräumen kann (ebensowenig wie das kirchliche Lehramt dies vermag). Wir sind dazu genötigt, im Gespräch die verschiedenen Möglichkeiten zu erwägen und durch unser Handeln ihre Tragfähigkeit zu prüfen.

6 In der letzten Zeit hat sich im Erscheinungsbild und im Leben der Kirche manches geändert, teils zum Guten, teils zum Schlechten. Vieles ist dabei von einer bedrängenden und beunruhigenden Zweideutigkeit. Manche sehen zum Beispiel in den Konflikten, von denen das Leben in den Gemeinden und quer durch die ganze Kirche hindurch heute heimgesucht ist, geradezu apokalyptische Vorzeichen einer Endzeit, in der die Gegensätze immer unverhüllter hervortreten und eine radikale Zuspitzung erfahren. Für andere bedeutet es ein Zeichen der Lebendigkeit und einer beginnenden Normalisierung, wenn Gegensätze aufbrechen und offen und engagiert ausgetragen werden können. Wo es nichts mehr zu streiten gibt, herrscht zwar Friede. Aber es kann ein tödlicher Friede sein.
Auf der anderen Seite muß man sehen, daß die Konflikte in der Kirche heute ein bedrohliches Ausmaß angenommen haben und für viele Menschen eine schwere Belastung und eine Anfechtung bedeuten. Es sei nur an die Auseinandersetzungen erinnert, die sich zwischen Konservativen und Progressiven in allen möglichen Sachfragen abspielen, oder an die Gegensätze zwischen Amtskirche und Laienchristen oder an die Streitigkeiten zwischen Theologen und dem kirchlichen Lehramt. Die Einheit der Kirche, die innere wie die äußere, ist oft nur noch ein Lippen- oder Glaubensbekenntnis. Man spricht wieder von der Möglichkeit neuer Kirchenspaltungen, in denen dann, wie es heißt, nur ein innerer Zustand nach außen hin sich manifestieren würde. Kaum eine Woche vergeht deshalb, wo nicht der Papst oder die Bischöfe sich mahnend an das Kirchenvolk wenden mit dem Ruf, die Einheit zu wahren, den Geist der Rebellion aufzugeben, die Gegensätze zu begraben und in den Gehorsam, die Liebe und den Frieden zurückzukehren.

Die Frage nach den Bewertungsmaßstäben
Was ist in dieser schwierigen und gefährlichen Situation zu tun? Soll man die Streitfragen bagatellisieren? Sie moralisierend als Ausfluß religiös motivierter Streitsucht hinstellen? Sie als Kreuzweg der kämpfenden und leidenden Kirche deuten? Soll man, wie gehabt, auf obrigkeitliche Weise mit Ermahnungen und mit sanfter oder auch grober Gewalt für Frieden und Einheit sorgen? Soll man resignierend, weil Christen eben auch nicht besser sind als andere Leute, sich seine privaten Inseln des Friedens schaffen?

Aus: *Max Seckler,* Konflikt und Einheit in der Kirche, in: *Ders.*, Im Spannungsfeld von Wissenschaft und Kirche, Verlag Herder, Freiburg u. a. 1980, 87–98, hier 87f.

• Wenn die Kirche sich über ihre eigene Lage klar werden will, kann sie dies nicht allein über die unmittelbaren Erfahrungen der pastoral Verantwortlichen und die Studien der Theologen, sondern sie ist auch auf die Erhebungen der *empirischen Sozialwissenschaft* angewiesen; dies wird in den folgenden Ausführungen deutlich. Sie entstammen einem Dokument, das die *Kommission für pastorale Grundfragen des Zentralkomitees der deutschen Katholiken* veröffentlicht hat.
Freilich müssen wir, wenn wir derartige soziologische Ergebnisse mitgeteilt bekommen, mehrere Vorbehalte machen:
– Sie geben nur Sachverhalte wieder, ohne sie mit wissenschaftlichen Methoden bewerten zu können und ohne aus ihnen Handlungskonsequenzen abzuleiten;
– die ermittelten Sachverhalte sind immer unter bestimmten Wahrnehmungsinteressen und Fragerichtungen gewonnen;
– sie vermitteln uns also nie einfach »die Wirklichkeit« schlechthin, sondern notwendigerweise nur ein bestimmtes wissenschaftliches Konstrukt;
– die für einen begrenzten Zeitraum gültige Erhebung kann nicht sicher herausbekommen, welche Verhältnisse für längere Zeit stabil sein werden; man muß mit Veränderungen und Überraschungen rechnen.
Dementsprechend gibt sich das Dokument, aus dem hier nur ein Stück ausgewählt wird, insgesamt nicht damit zufrieden, diese soziologischen Daten zur Kenntnis zu nehmen, sondern erwägt theoretische (theologische) und praktische (pastorale) Folgen. Aber auch der kleine Textausschnitt läßt schon erkennen,
– auf welche Einwände und Vorwürfe die Kirche vor allem eingehen muß, wenn sie sich nicht in ein Getto zurückziehen will,
– welche Werte gerade dort im Spiel sind, wo die Kirche Widerspruch erfährt,
– welche Formen der Auseinandersetzung bei diesen strittigen Fragen

wohl weniger geeignet sein dürften, die Übereinstimmung zu fördern,
- bei welchem Selbstverständnis die Kirche vielleicht eher auch noch für diejenigen eine Gemeinschaft sein könnte, die in ihren Urteilen von den überkommenen kirchlichen Maßstäben abweichen.

7 *Schwerpunkte der Distanz von der Kirche*

Bedenkt man, daß *über die Hälfte der Katholiken* nicht zu den regelmäßigen Teilnehmern am sonntäglichen Gottesdienst zählt, und berücksichtigt man überdies die Distanzierungselemente, die bei einer statistischen Minderheit unter den Gottesdienstbesuchern anzutreffen sind, so dokumentiert sich eine große Zahl von Katholiken, die offensichtlich ernste Schwierigkeiten mit der gegenwärtigen konkreten Kirche empfinden. In den sozialwissenschaftlichen Untersuchungen wurde der Frage nachgegangen, wo die wesentlichen Reibungsflächen im Verhältnis zur kirchlichen Institution oder die entscheidenden Motive einer bereits weitgehend vollzogenen Distanzierung sind. Ein erstes Ergebnis war: Die belastenden Schwierigkeiten liegen nicht im Bereich liturgischer Vollzüge, sondern vor allem dort, wo die Kirche durch Verhaltensregeln normierend in die *persönliche Lebensgestaltung* eingreift. Bei der Repräsentativbefragung zur Vorbereitung der Synode erklärten 61% der Katholiken, sie stimmten in Fragen der Empfängnisverhütung, 43% sie stimmten in Fragen der Sexualität in einem allgemeineren Sinn nicht mit den Auffassungen der Kirche überein. Nur 23% gaben dasselbe für Glaubensfragen zu Protokoll.
Neuere Untersuchungen haben gezeigt, daß sich die Artikulation von Diskrepanzen zum kirchlichen Wertsystem gerade im Bereich der Sexualmoral rapide ausbreiten kann. So ist beispielsweise in den Jahren 1967 bis 1973 der Anteil der unverheirateten 18- bis 29jährigen *Frauen,* die nichts dabei finden, »wenn ein Mädchen und ein junger Mann zusammenleben, ohne verheiratet zu sein« (in der Gesamtbevölkerung der Bundesrepublik Deutschland), von 24% auf 92% angestiegen. Ähnlich ist in dieser Zeit der Anteil liberaler Ansichten zu sonstigen Fragen in der Sexualmoral unter jungen Frauen so stark gestiegen, daß solche Ansichten inzwischen unter jungen Frauen stärker vertreten werden als unter jungen Männern. Hinter solchen Einstellungsveränderungen steht die Tendenz zur Emanzipation und zur

Gleichberechtigung der Frau mit dem Mann. 38% der Frauen insgesamt meinten 1974, keine der politischen Parteien genüge ihren Ansprüchen auf Gleichberechtigung in allen Lebensbereichen.

Die sozialwissenschaftlich erhobenen Befunde zeigen, daß Abweichungen von kirchlichen Normen der Lebensgestaltung nicht als nur punktuelle Konflikte verstanden werden können. Vielmehr wird dahinter das Bewußtsein erkennbar, daß das täglich erlebte *gesellschaftliche Wertsystem und das Wertsystem der Kirche* weitgehend auseinanderklaffen. Die Menschen empfinden die Diskrepanz vor allem dort, wo es ihrer Meinung nach um Intimbereiche autonomer Selbstbestimmung, um das Erleben der Welt, um Freude oder auch um Genuß des Lebens geht. Sie suchen Erfüllung und Glück – aber beides nach eigenem Geschmack. Das von ihnen wahrgenommene Gegeneinander der Wertsysteme erzeugt für sie gewissermaßen eine psychische Streßsituation. Häufig unbewußt suchen sie diese abzubauen – entweder innerhalb der Kirche durch grundlegende Reformen oder in einer Religiosität an der Kirche vorbei (diese kann durchaus Teilelemente kirchlicher und christlicher Überlieferung beibehalten).

Aus: *Karl Forster* (Hrsg.), Religiös ohne Kirche? Eine Herausforderung für Glaube und Kirche, Matthias-Grünewald-Verlag, Mainz 1977 (= Topos Taschenbücher 66), 19f.

• Die Kirche kann nicht als eine einladende Gemeinschaft erfahren werden, wenn ihr *Reden* nicht gelingt. »Der Glaube kommt vom Gehörten«, schreibt Paulus an die christliche Gemeinde in Rom (Röm 10,17). Die Sprache dient dabei nicht nur der Vermittlung von Informationen, sondern zunächst vor allem dem Aufbau menschlicher Beziehungen. Um so schwerer wiegt es, wenn sie in ihren Funktionen gestört ist. Dies gerade stellt der Pastoraltheologe *Adolf Exeler* für die Kirche fest. Das von ihm skizzierte Verhältnis der »Profis« (d. h. derer, die in der Kirchenleitung verantwortlich sind, wie auch der Fachtheologen) und »der anderen« kann wohl leicht durch zahlreiche naheliegende Beispiele veranschaulicht werden. Zu überlegen wäre dabei freilich auch, welches die geschichtlichen und theologischen Gründe sein mögen, daß die Kirche derart kommunikativ belastet erscheint.

Angesichts der gegebenen Situation fordert Exeler unter pastoralem Interesse eine *»Theologie des Volkes«*. Dabei ist zu beachten, vor welchen *Mißverständnissen* er von vornherein diesen Begriff geschützt wissen will und welche *Schwierigkeiten* er für das gewünschte Bemühen selbst nennt oder andeutet.

Da in den Überlegungen dieses Textes die *»Erfahrung«* eine zentrale Bezugsgröße darstellt, ist der unmittelbare sachliche Bezug zu den Texten in *Kapitel 3.1* beachtenswert.

8 Die in der Kirche übliche Sprechweise »greift« nicht mehr recht. Sie spricht nicht mehr an; sie löst keine vitale Resonanz aus. Viele der Adressaten haben nicht den Eindruck, das, was in der Kirche üblicherweise gesagt wird, würde helfen, ihre Erfahrungen so zu deuten, daß sie betroffen, befreit und motiviert antworten müßten: »Genau so ist es. Das ist endlich das, was ich gesucht habe. Das möchte ich gern weitersagen.« Das Nicht-Greifen dessen, was die »Profis« sagen, und das Verstummen der anderen – diese doppelte Sprachohnmacht dürfte eng damit zusammenhängen, daß die Kirchenleitung den Ausdruck des Glaubens mehr und mehr in Regie übernommen und die Gläubigen auf diese Weise buchstäblich unmündig gemacht hat. Man hat vor-formuliert und auswendig lernen lassen; aber man hat wenig dazu angeregt, die eigenen Erfahrungen mit dem Glauben und dem Leben zu reflektieren und ins Wort zu bringen. Man begnügt sich weitgehend mit jenem Einbahnverkehr, in dem von der einen Seite her nur gelehrt und auf der anderen Seite nur gelernt wird. Dann aber erstarrt das Zeugnis des Glaubens zu Formeln und Floskeln und verliert seine Lebendigkeit. Darunter leidet auch die Wirksamkeit der Kirchenleitung und der Fachtheologen. [. . .]
Die dargestellte mißliche Situation ruft nach einer anderen Sprache des Glaubens. Sie ruft nach einer »Theologie des Volkes«. Gemeint ist eine Theologie, in der das, was »die Leute« bewegt, zu Wort kommt und verarbeitet wird – gewiß nicht ohne Kirchenleitung und ohne Fachtheologen und erst recht nicht gegen sie; aber doch so, daß »die Leute« angeregt werden, intensiv mitzureden, Fragen zu äußern, Skepsis, Zweifel, Schwierigkeiten, aber noch mehr Einfälle, Vergleiche, neue Formulierungen usw. Gemeint ist eine Theologie, in der hingehört wird auf die Erfahrungen, die Freuden und die Leiden, die Hoffnungen und die Enttäuschungen der Menschen. Angezielt ist nicht eine bevormundende Theologie *für* das Volk, sondern eine Theologie *mit* dem Volk.
Kann es so etwas geben? Es läßt sich gewiß nicht einfach »machen«. Eine Fülle von Problemen taucht sofort auf, beson-

ders dort, wo man in Rechnung setzt, daß das Bemühen um Förderung der Sprachmächtigkeit – nicht nur im Glauben, sondern generell – auf bedeutsame schichtenspezifische Barrieren stößt. Von daher ergeben sich vielfältige Kommunikationsprobleme. Eine Theologie, die »Theologie des Volkes« sein möchte, wird solches und anderes mitzubedenken haben.

Aus: *Adolf Exeler,* Vom sprachmächtigen Glauben zur »Theologie des Volkes«, in: *Ders./Norbert Mette* (Hrsg.), Theologie des Volkes, Matthias-Grünewald-Verlag, Mainz 1978, 13–40, hier 15f.

2 Was heißt Glauben?

Theologie kann als wissenschaftliche Reflexion des Glaubens definiert werden (vgl. dazu *Kapitel 5.1*). Was ist das aber, »der Glaube«? Wenn man von »den Gläubigen« spricht, meint man in unserem Kulturkreis meist dasselbe, wie wenn man sagt: »die Christen«. Meint der Begriff »Glaube« das, worauf sich die Christen beziehen (*woran* sie glauben)? Oder ist »Glaube« der Grundvollzug der christlichen Existenz selbst (*das* Glauben)?
Wenn man das letztere meint, worin besteht dann dieser Grundvollzug? Was bedeutet es, wenn einer sagt: »Ich glaube an Gott«? Spricht er damit seine Überzeugung aus, daß es Gott gibt – oder bekennt er damit seine persönliche Beziehung zu Gott? Ist Glauben vor allem ein Für-wahr-Halten von Sätzen – oder ein Akt des Sich-Anvertrauens? Hängt die Größe des Glaubens davon ab, wieviel Glaubensinhalte (Katechismussätze, Bibeltexte o. ä.) einer im Kopf hat, oder davon, wie intensiv er sich an Gott bindet? Ist Glaube eher dem Wissen verwandt oder eher der Liebe? Spielen »Inhalte« überhaupt eine Rolle?
Zu den im letzten Absatz aufgeworfenen Fragen setzen die folgenden Texte unterschiedliche Akzente. Da alle drei formal ähnlich vorgehen (sie setzen beim allgemeinen Sprachgebrauch ein und entwickeln von hier aus ihren theologischen Glaubensbegriff), liegt es nahe, sie miteinander zu vergleichen.

- Der jüdische Religionsphilosoph *Martin Buber* (1878–1965) hat sich zeit seines Lebens um den Dialog zwischen Juden und Christen bemüht. Dabei kam er zur Unterscheidung zwischen zwei verschiedenen Weisen zu glauben.
- *Matthias Joseph Scheeben* (1835–1888) ist einer der bedeutendsten katholischen Theologen des 19. Jahrhunderts. Seine »Katholische Dogmatik« ist als Lehrbuch für Theologiestudenten gedacht. Daher liegt ihm besonders an einer möglichst klaren Darstellung der in der Theologie geläufigen Begriffe.
- Der Artikel von *Alfred Beckmann* (Dozent an einer Katholischen Akademie) ist von der Umbruch-Situation der gegenwärtigen Theologie bestimmt: »Neuere« Sichtweisen werden oft in Abgrenzung gegen die überlieferte Theologie (»Schultheologie«) formuliert.

Beim Vergleich der drei Texte könnten folgende Fragen hilfreich sein:
- Worin besteht (nach dem jeweiligen Verfasser) der Grundakt des Glaubens?

- Welche Rolle spielen das sachliche Moment (»etwas für wahr halten«) und das personale Moment (»sich jemandem anvertrauen«)?
- Wie kommt man zum Glauben?
- Inwieweit geben die beiden katholischen Theologen Bubers Charakterisierung des christlichen Glaubens recht?
- Welche Unterschiede sehen Sie zwischen den beiden Texten von katholischen Theologen?

Interessant wäre in diesem Zusammenhang auch ein Vergleich zwischen dem Glaubensbegriff des Ersten und dem des Zweiten Vatikanischen Konzils (vgl. NR 31 mit NR 81).

9 Es stehen einander zwei, und letztlich nur zwei, Glaubensweisen gegenüber. Wohl gibt es eine große Mannigfaltigkeit von Inhalten des Glaubens, aber ihn selbst kennen wir nur in zweierlei Grundform. Beide lassen sich von schlichten Tatsachen unseres Lebens aus anschaulich machen: die eine von der Tatsache aus, daß ich zu jemand Vertrauen habe, ohne mein Vertrauen zu ihm zulänglich »begründen« zu können, die andere von der Tatsache aus, daß ich, ebenfalls ohne es zulänglich begründen zu können, einen Sachverhalt als wahr anerkenne. Beidemal handelt es sich bei dem Nichtbegründenkönnen nicht um eine Mangelhaftigkeit meines Denkvermögens, sondern um eine wesenhafte Eigentümlichkeit meines Verhältnisses zu dem, dem ich vertraue, oder zu dem, das ich als wahr anerkenne. Es ist ein Verhältnis, daß sich seinem Wesen nach nicht auf »Gründen« aufbaut, wie es auch nicht aus solchen hervorgeht; wohl lassen sich Gründe dafür geltend machen, aber sie werden nie meinem Glauben gerecht werden. Das »Warum?« ist hier immer nachträglich, auch wenn es schon in frühen Stadien des Prozesses auftaucht; es taucht nämlich mit den Zeichen der Nachträglichkeit versehen auf. Damit soll keineswegs gesagt sein, daß es um »irrationale Phänomene« gehe. Meine Rationalität, meine rationale Denkfunktion ist ja eben nur ein Teil, eine Teilfunktion meines Seins; wo ich aber »glaube«, in der einen oder in der andern Weise, tritt mein ganzes Sein, tritt die Ganzheit meines Seins in den Vorgang ein, ja er wird überhaupt erst dadurch möglich, daß jenes Glaubensverhältnis ein Verhältnis meines ganzen Seins ist. Personale Ganzheit in diesem Sinn kann aber nur zustande kommen, wenn auch die gesamte Denkfunktion, ohne beeinträchtigt zu werden, in sie eingeht und in ihr wirken darf, als ihr eingeordnet und von ihr bestimmt. Es geht hier

freilich nicht an, an Stelle der Ganzheit das »Gefühl« zu setzen. Gefühl ist eben durchaus nicht »alles«, es ist im besten Fall nur ein Anzeiger dafür, daß das Sein des Menschen im Begriff ist, sich zur Ganzheit zusammenzuschließen; in andern Fällen ist es eine Illusion des Ganzwerdens ohne seinen Vollzug.

Das Vertrauensverhältnis beruht auf einem Status des Kontakts, eines Kontakts meiner Ganzheit, mit dem, zu dem ich Vertrauen habe, das Anerkennungsverhältnis auf einem Akt der Akzeptation, einer Akzeptation durch meine Ganzheit, dessen, was ich als wahr anerkenne. Sie beruhen darauf; sie sind es nicht. Der Kontakt im Vertrauen führt naturgemäß zur Akzeptation dessen, was von dem ausgeht, dem ich vertraue. Die Akzeptation der von mir anerkannten Wahrheit kann zum Kontakt mit dem führen, von dem sie Kunde gibt. Aber primär ist dort der bestehende Kontakt, hier die geschehene Akzeptation. [. . .]

Glaube im religiösen Sinn ist nun eine dieser beiden Glaubensweisen im Bereich des Unbedingten, das heißt, das Glaubensverhältnis ist hier nicht mehr eines zu einem an sich bedingten, nur für mich unbedingten »Jemand« oder aber »Sachverhalt«, sondern zu einem auch an sich unbedingten. Die zwei Glaubensweisen stehen einander also auch hier gegenüber. In der einen »findet sich« der Mensch im Glaubensverhältnis, in dem andern »bekehrt er sich« zu ihm. Der Mensch, der sich darin findet, ist primär Glied einer Gemeinschaft, deren Bund mit dem Unbedingten ihn mit umgreift und determiniert; der Mensch, der sich zu ihm bekehrt, ist primär ein Einzelner, zu einem Einzelnen Gewordener, und die Gemeinschaft entsteht als Verband der bekehrten Einzelnen. [. . .]

Die erste der beiden Glaubensweisen hat ihr klassisches Beispiel an der Frühzeit des Glaubensvolks Israel – einer Glaubensgemeinschaft, die als Volk, eines Volks, das als Glaubensgemeinschaft entstanden ist –, die zweite an der Frühzeit der Christenheit, als die im Zerfall des alten seßhaften Israel und der Völker und Glaubensgemeinschaften des Alten Orients als neues Gebild dem Tod eines großen Sohnes Israels und dem nachfolgenden Glauben an seine erfolgte Auferstehung entstieg: ein neues Gebild, zuerst, im Blick auf das nahe Ende der Tage, darauf intendiert, die zerfallenden Völker durch die

Gottesgemeinde zu ersetzen, hernach, im Blick auf die neuanhebende Geschichte, darauf, die neuen Völker durch das Übervolk der Kirche, das wahre Israel, zu überwölben. [. . .]
Wenn ich die zwei Glaubensweisen häufig als die des Juden und die des Christen behandle, soll das keinesfalls besagen, daß Juden im allgemeinen so und Christen im allgemeinen so geglaubt hätten und noch glaubten, vielmehr nur daß der eine Glaube bei Juden und der andere bei Christen seine repräsentative Wirklichkeit gefunden hat. Jeder von beiden hat auch im anderen Lager Wurzeln geschlagen, der »jüdische« im christlichen, aber auch der »christliche« im jüdischen, und zwar schon im vorchristlichen jüdischen, was sich eben daraus erklärt, daß er von »hellenistischer« – d. h. vom spätgriechischen Eidos geformter zerfallsorientalischer – Religiosität herkam, die ins Judentum einströmte, ehe sie das Christentum errichten half; aber erst im frühen Christentum ist dieser Glaube zu seiner Höhe erwachsen, ist im strengen und großen Sinn Glaube von Glaubenden geworden. Mit der »christlichen« Glaubensweise ist hier also ein Prinzip gemeint, das in der Urgeschichte des Christentums zu dem genuin-jüdischen hinzutritt; man muß sich dabei aber, wie gesagt, gegenwärtig halten, daß in der Lehre Jesu selber, wie wir sie aus den älteren Evangelientexten kennen, das genuin-jüdische waltet. Und wo in der Folgezeit Christen zur reinen Lehre Jesu heimverlangen, spinnt sich nicht selten, wie in anderen Punkten so auch in diesem, gleichsam ein unbewußtes Gespräch mit dem echten Judentum an.

Aus: *Martin Buber,* Zwei Glaubensweisen, Zürich 1950, 5–10.

10 *Name und Begriff des Glaubens im allgemeinen*

Unter Glauben im *eigentlichen und strengen Sinne des Wortes* versteht man ein festes *Fürwahrhalten* oder ein *entschiedenes Urteil* des Geistes, welches sich nicht auf eigene Einsicht oder Kenntnisnahme von dem Gegenstande desselben, sondern *auf die kundgetane Einsicht oder Kenntnis anderer intelligenter Wesen stützt* oder eine *Überzeugung,* welche nicht *aus uns selbst,* sondern von einem andern intelligenten Wesen dadurch *in uns erzeugt wird,* daß es uns seine Einsicht als Grund und Norm unserer Überzeugung *vorlegt,* und wir sie als Grund und Norm unserer Überzeugung willig *annehmen.* Weil demnach der

Beweggrund des Glaubens in einem andern intelligenten Wesen als dem Autor unserer Überzeugung liegt: so heißt der Beweggrund *Autorität,* und der eigentliche Glaube selbst, um ihn von allen gleichnamigen Akten zu unterscheiden, *Autoritätsglaube;* ihm gegenüber wird alle auf eigener Einsicht beruhende Überzeugung, wie diese Einsicht selbst, *Wissen* genannt. [. . .]

Begriff und Wesen des theologischen Glaubens
Der *theologische* Glaube ist im allgemeinen diejenige gläubige Annahme, durch welche wir *dem Worte Gottes in der seiner Würde und Kraft entsprechenden Weise* zustimmen. Derselbe heißt *göttlicher* Glaube (fides divina) im Gegensatze zum menschlichen, d. h. auf menschliche Autorität gegründeten Glauben; *übernatürlicher Glaube,* inwiefern er, um als Anfang des übernatürlichen Heiles dienen zu können (also fides salutaris zu sein), von seiten sowohl des Willens wie der Vernunft in übernatürlicher Weise vollzogen wird, also Gott nicht bloß zum objektiv bewegenden, sondern auch zum innerlich verursachenden auctor hat; – *christlicher* Glaube, inwiefern er sich auf die durch Christus vermittelte Offenbarung bezieht und nach Prinzip, Gehalt und Ziel in die christliche Heilsordnung verflochten ist; – endlich *katholischer* Glaube, wenn und inwiefern er der christlichen Offenbarung in ihrer Vorlage durch die Kirche entgegengebracht wird und so beschaffen ist, wie er von einem Mitgliede der Kirche gefordert wird.

Aus: *Matthias Joseph Scheeben,* Handbuch der katholischen Dogmatik. Erstes Buch: Theologische Erkenntnislehre, 1. Aufl. Freiburg 1873; hier zit. aus der von *Martin Grabmann* hrsg. 2. Auflage, Verlag Herder, Freiburg 1948, 287 f. und 300.

11 *1. Formen des Glaubens*
Im Alltag gebrauchen wir das Wort »glauben« oft so, daß man es durch »meinen«, »vermuten« ersetzen könnte. So »glauben« wir, daß es morgen regnen wird. In dieser Weise können wir auch jemandem etwas »glauben«. Wir vermuten dann, daß dieser jemand den Sachverhalt kennt und uns in dieser Sache nicht belügen wird. So »glauben« wir täglich: dem Fremden, den wir nach dem Weg fragen, dem Nachrichtensprecher, dem Auskunftsbeamten. »Glauben« erscheint hier als eine mindere, nicht ganz zuverlässige Form des Wissens um einen Sachverhalt. Es kann aber auch sein, daß der, dem ich glaube, für mich mehr ist

als ein Informant. Mein Glauben richtet sich nicht zuerst auf seine Aussage, sondern auf seine Person. Ich vertraue ihm, nicht nur in dieser Sache, sondern überhaupt. Und deshalb halte ich dann auch seine Aussagen für wahr. So glaubt der Freund dem Freunde. Dieser auf die Person des anderen bezogene G. kommt zu sich selbst im G. an das Wort der Liebe. In diesem Wort sagt mir der andere nicht etwas, sondern sich selbst. Dieses Wort kann ich nur im G. annehmen; was der andere in der Tiefe seiner Person für mich ist, kann ich auf gar keine andere Weise erkennen. Sicher, es gibt eine Erfahrung im Umgang mit ihm, die mir sein Liebeswort glaubwürdig erscheinen läßt; »Beweise«, eine Sicherheit außerhalb des G. gibt es nicht. Nehme ich aber so den anderen in seinem Worte an, dann werde ich selbst auf ihn hin verändert, zum Liebenden. Hier ist der G. nicht mehr eine mindere Form des Wissens, sondern der einzig mögliche Weg zu echter Personenerkenntnis und -liebe. Allein diese letzte Form zwischenmenschlichen G. kann uns als Analogie für jenen G. dienen, um den es uns geht.

2. Der Glaube – Antwort auf Gottes Offenbarung

Uns geht es um den G. als Antwort auf Gottes Offenbarung. Damit ist klar, daß der G.nsbegriff vom Offenbarungsverständnis abhängt. Die Schultheologie, die unsere herkömmlichen Katechismen geprägt hat, verstand Offenbarung als Mitteilung von »Wahrheiten«, die dem menschlichen Geist nicht oder nur schwer zugänglich sind. Das, was von Gott her vermittelt wird, ist eine Lehre. In der Konsequenz ist G. dann die Annahme dieser Lehre; er wird definiert als das feste »Für-wahr-Halten« der geoffenbarten »Wahrheiten«, nicht aus eigener Einsicht, sondern auf die Autorität Gottes hin, vermittelt durch die Autorität der Kirche. Die Voraussetzungen dafür – die Existenz Gottes, der nicht irren und lügen, der zum Menschen sprechen kann, die Tatsache der erfolgten Offenbarung, die göttliche Sendung der Kirche – sind der Vernunft zugänglich, können aber nicht restlos aufgehellt werden. Es gibt hier starke »Glaubwürdigkeitsmotive«; zur G.nsgewißheit aber gelangt man erst in der freien, durch Gnade ermöglichten Entscheidung. Der G.nsakt ist die Zustimmung des Verstandes vom Willen befohlen, nachdem wiederum der Verstand dem Willen die Motive dafür vorgestellt hat. Sieht man den G. so einseitig als Verstandesurteil aufgrund eines Willensaktes, dann gerät seine Bedeutung als ganzheitliche Hinwendung, »Bekehrung« (↗Sünde/Umkehr) des Menschen zu Gott aus dem Blick. Es ist dann nicht einzusehen, warum der G. schon für sich heilsentscheidend sein soll; ein solcher G. ist es ja auch in der Tat nicht. Außerdem: Wenn der G. so sehr mit der Annahme einer Lehre identifiziert wird, dann wird leicht übersehen, daß diese Lehre nicht fix-fertig aus dem Munde Gottes stammt, sondern selbst menschlicher Ausdruck geistgewirkten Glaubens ist, daß ihre Sätze also auch als wahre Sätze von der Problematik menschlicher Wahrheitsaussagen betroffen sind (s. u.). Das Bedenken der damit verbundenen Fragen wird in dieser Konzeption oft als eine Bedrohung des G. selbst empfunden.

Die neuere Theologie versteht Offenbarung als Selbst-Offenbarung Gottes. Nicht etwas wird mitgeteilt, Gott selbst teilt sich mit und wirkt so das Heil des Menschen. In der Konsequenz kann der G. auch nicht primär im Für-wahr-Halten von Sätzen bestehen, in der Annahme einer Lehre; er ist nicht Antwort auf »göttlichen Unterricht«, sondern auf die Zuwendung Gottes. Hier ist er noch am ehesten vergleichbar mit der Annahme des zwischenmenschlichen Liebeswortes (s. o.). Jesus Christus ist in seinem Kommen, seiner Botschaft, seinem Kreuz und seiner Auferweckung das offenbarende Wort, in dem Gott sich selbst als der Liebende zusagt. Die Antwort auf dieses Wort kann nur in der Tiefe der Person ergehen, dort, wo ihre Fähigkeiten und Akte noch eins sind. Man glaubt nicht mit dem Verstand, mit dem Willen allein, noch weniger ist der G. die Summe unbestimmter religiöser Empfindungen. Man glaubt vielmehr aus jener Mitte des Menschen heraus, welche die Alten das »Herz« genannt haben. So verstanden, ist der G. nicht ein bestimmter Akt, sondern eine Haltung, in welcher der ganze Mensch sich zu Gott hinwendet. [. . .]

Die Vollgestalt christlichen G. schließt Hoffnung und Liebe mit ein. Augustinus sagt: »Der glaubt an Christus, der auf Christus hofft und Christus liebt. Denn wenn jemand G. hat ohne Hoffnung und Liebe, dann glaubt er, daß es Christus gibt, aber er glaubt nicht an Christus.« [. . .]

Wir haben uns bisher bemüht, aufzuweisen, daß der G. kein bloßes Für-wahr-Halten von Sätzen ist, sondern Hinwendung zu Gott, Teilnahme am Weg Christi, »Tun« der Wahrheit (vgl. Joh

3,21). Doch das rationale Element kann nicht ausgeschlossen werden, und so gehört auch Für-wahr-Halten zum G. Das ist schon so im zwischenmenschlichen Bereich. Wenn ich hier im G. das Wort der Liebe eines anderen annehme (s. o.), dann halte ich im Vollzug dieses G. für wahr, daß der andere mich wirklich liebt, als Voraussetzung, daß er Person, liebesfähig, im Wort der Liebe wahrhaftig ist, daß er das Wort der Liebe wirklich gesprochen hat und daß ich es richtig verstanden habe, als Konsequenz, daß ich mich auf den anderen verlassen kann, daß er wahrmachen wird, was er verspricht, usw. Das alles kann in Aussagen hinein formuliert werden; genau das haben wir ja eben getan. Ähnlich kann auch der Christ seinen G. nur vollziehen, wenn er im Vollzug des G. für wahr hält, daß Gott sich wirklich als Liebe in Jesus von Nazaret dem Menschen mitteilt, als Voraussetzung etwa, daß Gott ist, nicht nach Art einer Sache gedacht werden kann, in Kreuz und Auferweckung Jesu – Jesus ist wahrhaft auferstanden! – gehandelt hat, als Konsequenz, daß er ewiges Leben schenken, die Welt vollenden wird usw. Auch, was der Christ im Vollzug seines G. für wahr hält, kann in Aussagen, in G.nssätze hinein formuliert werden, es *muß* formuliert werden, wenn der G. anderen vermittelt, bekannt und verkündet werden soll. Der G. verleiht Erkenntnis der (Heils-)Wahrheit (vgl. Joh 17,8), und diese Erkenntnis wird in das Bekenntnis hinein formuliert. Wie G.nshaltung und formulierter G.nsinhalt einander schon im biblischen Verständnis zugeordnet sind, zeigt wohl am besten Röm 10,9f. Dabei bleibt freilich immer zu beachten, daß vom Geheimnis Gottes die Rede ist. G.nssätze können ihre Wahrheit niemals adäquat fassen und aussagen. Sie treffen sie immer nur analog, wie in Bild und Gleichnis, sind keine »mathematischen Lehrsätze« über Gott und sein Handeln. Sie sind auch nicht unberührt von der Problematik, die mit der Geschichtlichkeit menschlicher Aussagen und der Gebrochenheit menschlicher Erkenntnis allgemein gegeben ist.

Aus: *Alfred Beckmann,* Art. Glaube, in: *Adolf Exeler/Georg Scherer* (Hrsg.), Glaubensinformation. Sachbuch zur theologischen Erwachsenenbildung, Verlag Herder, Freiburg u. a. 1971, 120–126, hier 120–124.

Begriffliche Unterscheidungen

(1) Um zu einer genaueren Bestimmung des Glaubensbegriffs zu kommen, pflegt man zu unterscheiden zwischen

- *Glaube als Akt (Glaubensakt):* das, was den Glaubenden zum Glaubenden macht, das Glauben (als Verhalten), lateinisch: *fides qua creditur* (»Glaube, mit dem man glaubt«), oft auch einfach abkürzend *fides qua* genannt,
- und *Glaube als Inhalt (Glaubensinhalt):* das, was geglaubt wird, das Objekt des Glaubensaktes, lateinisch: *fides quae creditur* (»Glaube, den man glaubt«), oft kurz *fides quae* genannt.

(2) *Beim Glaubensakt* unterscheidet man nochmals zwischen

- dem Verhalten im Einzelfall (Glaubensakt im engeren Sinne)
- und der Grundhaltung (Glaube als »Tugend«).

(3) Im Blick auf den Glaubensinhalt findet man oft die Unterscheidung zwischen

- den Formulierungen des Glaubensinhalts (z. B.: »Jesus Christus ist Gottes Sohn«)
- und dem mit diesen Formulierungen Gemeinten (hier: das besondere Verhältnis zwischen Jesus und Gott). Dieses »Gemeinte« aber hat man nie »chemisch rein« ohne Formulierungen.

Die oben vorgelegten *Texte 9–11* befassen sich mit dem Glauben als Akt. Die Theologie reflektiert beides: den Glaubensakt und den Glaubensinhalt.

3 Notwendigkeit, Möglichkeit und Grenzen der Glaubensbegründung

3.1 Das Verhältnis von Glaube und Erfahrung, Glaube und Handeln

Der Glaube hängt gewiß mit der persönlichen Lebenseinstellung jedes einzelnen zusammen. Aber deswegen kann man ihn doch nicht als bloße »Entscheidung«, als einen blinden »Sprung« des Vertrauens, als unhinterfragbare existentielle »Wahl« ausgeben. Zur menschlichen Freiheit gehört die *Verantwortung*, sonst würden alle Entscheidungen beliebig und damit anspruchslos. Der Glaube muß seine *Gründe* haben, wenn er nicht ganz von dem Zufall lebensgeschichtlicher Umstände abhängig werden will. Er muß sich *als glaubwürdig rechtfertigen lassen.*

Wer über seinen Glauben Auskunft geben will (und sei es auch nur sich selbst im inneren Gespräch), muß nach Argumenten Ausschau halten, die bei anderen Gehör und Zustimmung finden können. Ob uns etwas als »vernünftig« gilt, hängt weithin davon ab, ob es für uns auf gemeinschaftlichem Einverständnis aufruht und auf dem Hintergrund verbreiteter Überzeugungen als plausibel erscheint. Zwar können sich Überzeugungen unter Umständen auch gegen die unmittelbare Umgebung behaupten. Aber sie sind auch dann in irgendeiner Weise auf die (erfahrene oder unterstellte) Bestätigung durch andere angewiesen.

Die grundlegendste Form der Rechenschaft über das, was wir sagen und wozu wir stehen, ist die Berufung auf *»Erfahrung«*. Dabei ist anderes gemeint als bloß die Registrierung einzelner Fakten oder die Prüfung bestimmter Annahmen im ständig wiederholbaren Experiment (zu diesem Verständnis hat weithin ein popularisiertes naturwissenschaftliches Denken geführt). »Erfahrung« meint hier vielmehr in weiterreichendem Sinn den *Wirklichkeitsbezug,* der dazu beiträgt, daß wir in unserem Handeln sicherer werden und uns in unserer Welt besser zurechtfinden. Erfahrung in diesem Sinn ist nicht nur Feststellung dessen, was »der Fall ist«, sondern immer zugleich untrennbar auch *interpretative Aneignung* der Realität nach den Möglichkeiten unseres Verständnisses. Hier lassen sich nicht »Objektivität« und »Subjektivität« gegeneinander ausspielen. In Erfahrung kann gerade auch das (in gewisser Hinsicht) »Subjektive« eine *Bewährung* finden; und das (in gewisser Hinsicht) »Objektive« erscheint in ihr als abhängig von unserer *deutenden Verar-*

beitung. Es wäre deshalb auch falsch, »Glaube« und »Erfahrung« in einen Gegensatz zu bringen; beide sind vielmehr aufeinander angewiesen. Ob eine bestimmte Sicht der »Wirklichkeit« als zuverlässig ausgegeben werden kann, hängt davon ab, wieweit sie uns Orientierung gewährt: ob sie uns hilft, das, was uns betrifft, besser zu begreifen (oder als unbegreiflich auszuhalten); ob sie uns zu einem Handeln anleitet, das aufbaut und nicht zerstört, Menschen zusammenführt und nicht einander entfremdet.

• Über den Glauben Rechenschaft abzulegen, wird in dem *Beschluß der Gemeinsamen Synode der Bistümer in der Bundesrepublik Deutschland »Unsere Hoffnung«* als eine dringliche Aufgabe gerade für unsere Zeit hervorgehoben. Der »Sinn des Christseins« scheint in unserer Gesellschaft mit besonderer Radikalität in Frage gestellt. Dabei steht nicht von vornherein ein für allemal fest, welche Antworten noch als glaubwürdig angenommen werden. Sie müssen sich erst *bewähren,* z. B. dadurch, daß sie *öffentlich* Gehör, gar Zustimmung finden. Der Text der Synode denkt hier einmal an die »Öffentlichkeit der Kirche«, also vor allem an die ständige Verkündigung innerhalb der Gemeinden, aber auch an ihr Reden über die kirchlichen Grenzen hinaus. Der Wahrheitsanspruch des Glaubens braucht – mit den Worten aus 1 Kor 2,4 – den »Erweis von Geist und Kraft«, wenn er zustimmungsfähig bleiben soll.
Im Blick auf *diejenigen, die im folgenden Text zur Rechenschaft über ihren Glauben aufgefordert sind,* ist darauf zu achten,
- wie »Kirche« und »wir« einander zugeordnet werden,
- wo Einstimmigkeit, aber auch Vielfalt erwartet wird,
- welche Möglichkeiten des Fehlverhaltens erwogen werden,
- welche der erhobenen Forderungen uns hinreichend deutlich,
- welche dagegen stärker konkretisierungsbedürftig erscheinen.

Wo es um die *Adressaten der kirchlichen Verkündigung* geht, kann man unterscheiden,
- welche bestimmten Gruppen eigens genannt sind,
- welche möglichen Reaktionen auf das Verhalten von Kirche und Gläubigen erwähnt werden.

12 *»Rechenschaft über unsere Hoffnung« als Aufgabe der Kirche*

Eine Kirche, die sich erneuern will, muß wissen, wer sie ist und wohin sie zielt. Nichts fordert so viel Treue wie lebendiger Wandel. Darum muß auch eine Synode, die der Reform dienen will, davon sprechen, wer wir als Christen und Glieder dieser Kirche sind und was allen Bemühungen um eine lebendige Kirche in unserer Zeit zugrunde liegt.

Wir müssen versuchen, uns und den Menschen, mit denen wir leben, »Rechenschaft zu geben über die Hoffnung, die in uns ist« (vgl. 1 Petr 3,15). Wir müssen zusehen, daß über den vielen Einzelfragen und Einzelinitiativen nicht jene Fragen unterschlagen werden, die unter uns selbst und in der Gesellschaft, in der wir leben, aufgebrochen sind und nicht mehr verstummen; die Fragen nach dem Sinn des Christseins in dieser Zeit überhaupt. Gewiß, darauf wird es schließlich so viele konkrete Antworten geben, wie es Gestalten lebendigen Christentums unter uns gibt. Gleichwohl dürfen wir den einzelnen in der Feuerprobe solcher Fragen nicht allein lassen, wenn wir nicht hilflose Vereinsamung, Indifferenz und lautlosen Abfall (weiter) riskieren wollen und wenn wir nicht tatenlos zusehen wollen, daß die innere Distanz zur Kirche immer mehr wächst. Wir dürfen die Augen nicht davor verschließen, daß allzu viele zwar noch einen rein feierlichen, aber immer weniger einen ernsten, lebensprägenden Gebrauch von den Geheimnissen unserer Kirche machen.
Sich solchen »radikalen« Fragen in der Öffentlichkeit der Kirche zu stellen, gehört zur Radikalität der pastoralen Situation, in der unsere Kirche heute steht und das Zeugnis ihrer Hoffnung weitergibt. Nur wenn unsere Kirche diese Fragen – wenigstens ansatzweise – im Blick behält, wird sie den Eindruck vermeiden, als gäbe sie vielfach nur Antworten, die eigentlich gar nicht erfragt sind, oder als spräche sie ihre Botschaft an den Menschen vorbei. Nur so wird sie auch dem Vorurteil entgegenwirken, sie wolle durch letztlich müßige Reformen den Verlust an Sinn und Tröstungskraft des christlichen Glaubens überspielen. Sie darf nicht nur von einzelnen innerkirchlichen Reformen sprechen, wenn ihr tagtäglich der Verdacht entgegenschlägt, daß das Christentum nur noch mit verbrauchten Worten und Formen den Fragen und Ängsten, den Konflikten und Hoffnungen in unserer Lebenswelt, der mühsam verdeckten Sinnlosigkeit unseres sterblichen Lebens und unserer öffentlichen und individuellen Leidensgeschichten antworte.
Hier müssen wir von unserer im Glauben gegründeten Hoffnung selbst öffentlich reden; sie nämlich scheint vor allem herausgefordert und unter vielerlei Namen unbewußt gesucht. In ihr uns zu erneuern und aus ihr den »Erweis des Geistes und der Kraft« für unsere Zeit zu erbringen, muß schließlich das Interesse sein, das alle Einzelerwägungen und Einzelinitiativen dieser Gemein-

samen Synode leitet. So wollen wir von der tröstenden und provozierenden Kraft unserer Hoffnung sprechen – vor uns selbst, vor allen und für alle, die mit uns in der Gemeinschaft dieser Kirche leben, aber auch für alle, die sich schwertun mit dieser Kirche, für die Bekümmerten und Enttäuschten, für die Verletzten und Verbitterten, für die Suchenden, die sich nicht mit dem drohenden Verdacht der Sinnlosigkeit des Lebens abgefunden haben und für die deshalb auch Religion nicht von vornherein als durchschaute Illusion gilt, nicht als ein Restbestand früherer Kultur- und Entwicklungsstufen der Menschheit.

Aus: *Synodenbeschluß »Unsere Hoffnung«,* Einleitung, in: Gemeinsame Synode der Bistümer in der Bundesrepublik Deutschland: Offizielle Gesamtausgabe I, Freiburg u. a. 1976, 84–111, hier 85f.

● Auf die besondere Perspektive der folgenden Ausführungen von *Michael Göpfert* deuten schon die Titel des gesamten Beitrags und des Buchs, aus dem dieser gewählt ist, mit den Stichworten »Religion des Volkes«/»Theologie des Volkes« hin: Die Bewährung des Glaubens aus Erfahrung kann weder durch ein kirchliches Lehramt noch durch eine akademische Theologie geleistet werden, sondern geschieht dort, wo versucht wird, aus dem Glauben zu leben. Diesen faktischen Glaubensvollzug vermag die Theologie aber auch nachträglich nicht ganz aufzuarbeiten; sie kann ihn nur grundsätzlich in seiner normativen Kraft rechtfertigen und ihm dadurch auch innerhalb der Kirche theoretisch zu seiner Geltung verhelfen. Dies müßte dann freilich dazu führen, daß die Theologie wie die kirchliche Öffentlichkeit insgesamt unter den entsprechenden Einfluß der »Basis« gerät und sich dabei eventuell auch korrigieren läßt. In dieser Hinsicht ist ein Vergleich dieses Textes mit dem vorausgehenden aufschlußreich.
Das in dem Text zitierte »biblische Wort«, nach dem sich der Glaube im Handeln auf Freiheit hin bewährt, steht zur einen Hälfte in Joh 7,17 (»Wer bereit ist, seinen [d. h. Gottes] Willen zu *tun,* wird erkennen, ob diese Lehre von Gott stammt . . .«), zum anderen in Joh 8,32 (»Die Wahrheit wird euch befreien«). Dies sind freilich noch sehr unbestimmte Sätze, die keine eindeutigen Kriterien abgeben. Demgemäß greift der Text auch zu einer Vielzahl von *Redensarten und metaphorischen Wendungen,* um zu veranschaulichen, wie man sich eine solche Bekräftigung (oder möglicherweise auch Bestreitung) des Glaubens denken soll. Die bildhafte Sprache fordert dabei in ihrem allgemeinen Charakter den Leser zur möglichen Konkretisierung heraus (was ist etwa gemeint, wenn es heißt, daß bestimmte gläubige Annahmen »nicht mehr ›greifen‹«?); vielleicht stiften einige Formulierungen besonders dazu an, einen exemplarischen Fall zu suchen.

Die Bewährung des Glaubens wird hier schließlich auch nach dem Muster der Prüfung von *Hypothesen* erläutert. Dabei ist jedoch der gewaltige Unterschied zu entsprechenden wissenschaftlichen Verfahren mitzusehen.

13 Die konkreten Erfahrungen mit dem Glauben, die in der Lebenswelt der Christen gemacht werden, dienen als Kriterium der Vergewisserung über die Wahrheit des Glaubens und der Glaubensgedanken. Vergewisserung über die Wahrheit des Glaubens kann sich an dem biblischen Wort orientieren, daß der, der die Wahrheit tut, in diesem Tun der Wahrheit einen Prüfstein für den Ausweis der Wahrheit findet und daß die Wahrheit freimacht. Die praktischen Folgen des Befolgens des christlichen Sinnentwurfs können also an den Tag bringen oder widerlegen, ob es sich bei der Wahrheit des Christentums um befreiende Wahrheit handelt. Beim Streit um die Legitimität und Sinnhaftigkeit verschiedener Lebenskonzepte gebrauchen wir des öfteren die Redewendung, daß wir sagen, die Erfahrung müsse uns lehren, was weiter trägt, dieses oder jenes Lebensmodell. In der Erfahrung mit der christlichen Lebensform stellt sich also etwas heraus, was als Kriterium fungieren kann: ein Weiter-Getragen-Werden, eine innere Stimmigkeit dieser Lebensform, die Erfahrung des Ins-reine-Kommens und Durchgetragenwerdens, die Entfaltung neuer Lebensmöglichkeiten, die Erschließung, Erhellung und Integration von Sinnzusammenhängen, die Erfahrung, daß sich die Vergitterung meiner Welt auflöst, aus Unmöglichkeiten Möglichkeiten werden; ein Weg eröffnet sich, indem ich ihn gehe; ich kann in der »Rolle« des Glaubenden »aufgehen«, indem ich sie spiele. [. . .]
Theologische Hypothesen sind dann widerlegt, wo sie in bezug auf die Wirklichkeitserfahrung nicht mehr »greifen«, Wirklichkeit nicht mehr »erschließen«, nicht mehr »passen« wie ein Schlüssel zum Schloß, und eine neue Theorie Wirklichkeitserfahrung umfassender integrieren und verarbeiten kann. Gerade da, wo theologische Hypothesen entkräftet werden, meldet sich »Wirklichkeit« zu Wort, wo Theorien scheitern, hat sich ein neuer »Kontakt« zur Wirklichkeit eingestellt. »Die Fähigkeit zur Korrektur durch Erfahrung . . . (muß) auch philosophischem und religiösem Weltverständnis eigen sein, solange es lebendig bleibt

und nicht dogmatisch erstarrt.«[1] Das Glaubensbewußtsein des faktisch gelebten Glaubens, das wenn auch unthematische religiöse Wissen an der »Basis«, in welchem sich ein bestimmter Konsens oder eine Konvergenz herausschält, hat eine normative Kraft und kann Korrekturen des religiösen Wirklichkeitsverständnisses und theologischer Interpretamente einleiten.

Aus: *Michael Göpfert,* Religion der Theologen – Religion des Volkes, in: *Adolf Exeler/Norbert Mette* (Hrsg.), Theologie des Volkes, a.a.O., 172–192, hier 189f.

• Der Dogmatiker *Walter Kasper* (s. von ihm bereits *Text 3*) geht verschiedenen Formen der Rechtfertigung des Glaubens in der Theologiegeschichte der Neuzeit nach. Erst seit dem 19. Jahrhundert wird in der arbeitsteiligen Organisation der Theologie nach verschiedenen Disziplinen für diese Aufgabe eigens die *»Fundamentaltheologie«* (oder »Apologetik«) vorgesehen. Ihr ist dabei u. a. auch die erwähnte *analysis fidei* (= Analyse des Glaubensaktes) aufgetragen, d. h. die Frage: Wie läßt es sich vereinbaren, daß einerseits die Wahrheit des Glaubens in der Autorität des sich offenbarenden Gottes begründet ist, die Zustimmung zum Glauben aber andererseits aus menschlicher Vernunft gerechtfertigt sein soll?
Der letzte Satz gebraucht für die Argumente der vernünftigten Rechtfertigung des Glaubens den traditionellen Fachbegriff *praeambula fidei* (= »die dem Glauben vorausgehenden [Beweggründe]«). Doch weist dieser Terminus den Glaubensmotiven eine Stelle zu, die nicht recht ihre zentrale Bedeutung für den Glauben in unserer Zeit erkennen läßt.
Der Text nennt *zwei Extreme,* in die die Theologie zu geraten droht, die es aber zu vermeiden gilt. Jedes Extrem hat seine eigene Anziehungskraft; man kann aber leicht einsehen, welchen Nachteil es für das Verständnis des Glaubens in sich schließt.
Im theologiegeschichtlichen Überblick werden drei *methodische Ansätze der Fundamentaltheologie* skizziert. Der erste und der dritte sind vor allem durch das Erste Vatikanische Konzil offiziell zur Geltung gelangt; von dort her stammen auch die Zitate aus dem »Neuner-Roos« (s. *Abkürzungsverzeichnis;* die Numerierung wurde hier an die 8. Auflage angeglichen). Jedem der drei Wege werden Vorbehalte entgegengebracht, teilweise als rhetorisch-kritische Bedenken, teilweise als Vorwurf der mangelnden Wahrnehmung psychischer und sozialer Realität. Doch läßt sich deutlich erkennen, daß dabei nicht alle drei Argumentationstypen gleichermaßen betroffen sind und als unzulänglich beurteilt werden.

[1] *Wolfgang Pannenberg,* Wissenschaftstheorie und Theologie, Frankfurt a. M. 1973, 57.

In der Beantwortung der Frage, wie es heute möglich sei, die Glaubwürdigkeit des Glaubens aufzuweisen, findet Kasper zu Antworten, die man leicht im Vergleich mit denen der beiden vorhergehenden Texte erläutern kann.

14 Erst als sich im Laufe der Neuzeit der Konflikt zwischen dem Glauben und einem auf rationale Feststellbarkeit ausgerichteten Wahrheitsverständnis verschärfte, hat man versucht, in der sogenannten Analysis-fidei-Lehre eine [. . .] Theorie der Glaubensbegründung zu entwickeln. Dabei stand man von vornherein in einer Zwickmühle. Auf der einen Seite mußte man die menschliche Verantwortlichkeit des Glaubensaktes wahren. Ein blinder Glaube wäre ja unmenschlich und unverantwortlich. Man mußte darum zeigen, wie der Akt des Glaubens in intellektuell redlicher Weise gesetzt werden kann. Auf der anderen Seite könnte der Glaube nicht länger Glaube bleiben, würde man ihn rational beweisen. Die Frage der Glaubensbegründung gilt deshalb als das Kreuz und die Folter der Gottesgelehrten. Das kirchliche Lehramt hat beide Extreme verurteilt: den theologischen Rationalismus, der den Glauben ins Wissen aufhebt, und den Fideismus, für den der Glaube ein blinder Sprung, eine reine Intuition ist. Um zwischen diesen beiden Extremen hindurchzufinden, unterscheidet man in der traditionellen Apologetik zwischen dem eigentlichen Grund und Motiv des Glaubens, das nur im Glauben selbst zu erfassen ist, und den Glaubwürdigkeitsgründen, welche die Bejahung des Glaubens menschlich verantwortlich machen sollen.

Als Glaubwürdigkeitsgründe nennt man gewöhnlich die Zeichen, welche bereits im Neuen Testament als Zeichen des Glaubens eine gewisse Rolle spielen: Wunder und Weissagungen. Sie sollen nach der traditionellen Theorie der Glaubensbegründung zeichenhaft dartun, daß in der Offenbarung mehr am Werk ist als bloß natürliche und menschliche Kräfte. In einer jüngeren apologetischen Richtung, der sogenannten Immanenzmethode, als deren vorzüglichster Vertreter M. Blondel zu gelten hat, treten an die Stelle dieser äußeren Glaubwürdigkeitsgründe mehr innere Motive, welche nicht so sehr den Verstand als die subjektive Glaubensbereitschaft des Menschen ansprechen sollen. Man versuchte aufzuzeigen, wie der Glaube den subjektiven Bedürfnissen des Menschen entspricht, man verwies auf seine innere

Schönheit und Sinnhaftigkeit, man zeigte, daß er in der Lage ist, eine Antwort zu geben auf die sozialen Fragen des Menschen. Eine dritte Richtung, die sogenannte »Methode der Vorsehung«, verweist nicht auf die Zeichen in der Heilsgeschichte selbst, sondern auf die Kirche, welche »ein großer und steter Beweggrund der Glaubwürdigkeit und ein unwiderrufliches Zeugnis ihrer göttlichen Sendung« darstellt, und zwar aufgrund »ihrer wunderbaren Fortpflanzung, ihrer hervorragenden Heiligkeit und unerschöpflichen Fruchtbarkeit in allem Guten, in ihrer katholischen Einheit und unbesiegbaren Beständigkeit« (Neuner-Roos 356).

Diese drei Methoden haben alle ihre Schwierigkeiten. Auf den ersten Blick ist dies bei der zuletzt genannten Methode deutlich. Für viele Menschen ist die Kirche heute in ihrer konkreten Gestalt weit mehr ein Glaubenshindernis als eine Glaubenshilfe. Aus demselben Grund vermögen aber auch die an zweiter Stelle angeführten Argumente nicht ohne weiteres zu überzeugen. Sie bleiben solange abstrakt, als sie nicht in der Gemeinschaft der Glaubenden glaubwürdig praktiziert werden. In der Praxis muß das Christentum erweisen, daß es den Fragen und Nöten des Menschen und der Gesellschaft entspricht. Was jedoch die erste Methode angeht, so hat schon Lessing auf den Unterschied hingewiesen, der besteht zwischen Wundern und Weissagungen, die ich selbst erlebe, und solchen, von denen ich nur historisch weiß, daß sie andere erlebt haben wollen. Auf solche historische Gewißheit allein läßt sich Heilsgewißheit nicht gründen. Dazu bedarf es »Beweise des Geistes und seiner Kraft«. Lessing fordert deshalb, daß die Glaubwürdigkeit des Glaubens in der gegenwärtigen Erfahrung aufgewiesen wird. Was er damit meint, deutet er an, indem er am Schluß seiner Schrift auf das apokryphe Testament des Apostels Johannes, auf die legendarischen Worte des alternden Johannes hinweist: »Kinderchen, liebet euch«. Die Glaubwürdigkeit des Glaubens muß sich also in der Praxis des Glaubens, in der Liebe erweisen. Sie ist *das* Zeichen und *das* Wunder, welches den Glauben konkret glaubwürdig macht.

Das Ergebnis der Kritik der verschiedenen Wege des Glaubwürdigkeitsbeweises ist also: Die Glaubwürdigkeit des Glaubens läßt sich nicht rein abstrakt und intellektuell aufweisen. Sie ist der Gemeinschaft der Glaubenden zugelastet. Sie hängt entschei-

dend ab von der Glaubwürdigkeit der Kirche. Es geht nicht an, abstrakt zu sagen, der Glaube diene der Freiheit des Menschen, und gleichzeitig in der Kirche ein System der Unfreiheit und der Angst zu praktizieren, wo alle Regungen freien Lebens argwöhnisch bewacht und womöglich unterdrückt werden. Es geht nicht an, das hohe Lied der Brüderlichkeit aller Menschen zu singen und nach wie vor ein absolutistisches Regime aufrechtzuerhalten. Der Aufweis der Glaubwürdigkeit des Glaubens ist zumal heute nur möglich, wenn man sich zugleich für eine Reform der Kirche einsetzt. Nur einzelne Christen und Gemeinschaften von Christen, welche mit ihrer ganzen Existenz den Glauben bezeugen, können glaubwürdige Zeichen sein.
Alle diese Arten des Glaubwürdigkeitsbeweises bedeuten noch keinen Glaubensbeweis. Sie begründen lediglich die äußere Möglichkeit, Verantwortlichkeit und Sinnhaftigkeit des Glaubens, sie erbringen jedoch nicht die innere Evidenz des Geglaubten selbst. Sie verbleiben darum im Vorraum des Glaubens (praeambula fidei).

Aus: *Walter Kasper,* Einführung in den Glauben, Matthias-Grünewald-Verlag, Mainz 1972, 61–64.

3.2 Die soziale Bestärkung der Glaubwürdigkeit

Welche Bedeutung unsere gesellschaftliche Umgebung für den Bestand unserer Überzeugungen hat, wurde schon bei der Darstellung der *pluralistischen Situation,* in der sich heute der Glaube befindet *(Kapitel 1.2),* wahrgenommen. Dort war aber der Blick vorrangig darauf gerichtet, daß dieses Abhängigkeitsverhältnis eine Quelle von Verlegenheiten und Irritationen sein kann – und gerade heute vielfach ist. Außerdem ging es dort vor allem um die *faktischen sozialen Geltungen,* weniger darum, ob deren Macht auch als *legitime Glaubensbestärkung* begriffen werden soll. Liegt es nicht näher, so könnte man fragen, die Einflüsse der Gesellschaft auf das Individuum unter die Kategorie der sozialen Manipulation zu fassen? Wird hier nicht gerade die geforderte eigene Entscheidung eingeschränkt, die personale Freiheit behindert? Wird so nicht der lebensgeschichtliche Zufall ohne theologische Berechtigung aufgewertet?
Aber demgegenüber ist zu sehen, daß *soziale Geltungen* immer auch ein *Ausdruck der Bewährung* sein können (bei allem möglichen Vorbehalt gegenüber dem Überzeugungsdruck der Menge). Der einzelne erfährt

dabei, was sich in den verschiedensten Lebenssituationen anderer Menschen nicht als nutzlos erwies, sondern Bestand behielt und so viel Wertschätzung erfuhr, daß es als verbindlich weitergegeben wurde.
Unter solchem Gesichtspunkt ist es nicht die Folge eines unmündigen Bewußtseins, wenn man die soziale Abhängigkeit bejaht, sondern es ist die verantwortbare Annahme der geschichtlichen und sozialen Bedingtheit eigener Existenz. Fragwürdig würden diese Beziehungen erst dann, wenn sie neue Erfahrungen blockierten, die Kommunikation mit fremden Überzeugungen verhinderten, Korrekturen ausschlösen, also insgesamt das einmal Gültige gegenüber allen Nachfragen und weiteren Bewährungen abschirmten und ängstlich behüteten. Aber dieses Extrem ist nicht der Normalfall.
Was der Glaube als seine Wahrheit bekennt, ruht grundsätzlich auf dem *consensus fidelium,* der »Übereinstimmung der Gläubigen«, auf (vgl. die Ausführungen über eine »Theologie des Volkes« in *Text 8*). Zur soziologischen und psychologischen Einsicht, daß Überzeugung immer in gemeinsamen Lebensvollzügen aufgebaut wird, tritt der theologische Grundsatz, daß die Zustimmung zum Glauben notwendigerweise auf die Gemeinschaft der Gläubigen angewiesen ist und ohne diese ihre Grundlage verliert.

• Die zwei folgenden Texte sind für den angesprochenen thematischen Zusammenhang am ergiebigsten, wenn man sie von vornherein in ihrer wechselseitigen Beziehung liest. *Peter L. Berger* (vgl. die *Texte 1* und *4*) geht auf einige allgemeinere soziologische Aspekte ein, während *Franz-Xaver Kaufmann* (vgl. *Text 5*) und der Religionspädagoge *Günter Stachel* die besonderen Bedingungen der religiösen Sozialisation unter den gegenwärtigen kirchlichen Verhältnissen bedenken.
Im ersten Text ist besonders zu beachten, wie der Begriff der *»Plausibilität«* gefaßt ist, in welchem Sinne dabei von *»institutionellem Rahmen«* die Rede ist und welche Rolle *»signifikante Bindungen«* spielen.
Diesen Bezugspunkten wären aus dem zweiten Text, der ebenfalls auf »Plausibilität« eingeht, nämlich auf diejenige »kirchlicher Deutungsmuster«, vor allem die Begriffe *»katholisches Milieu«, »Sozialisation«* und *»Vorbild«* zuzuordnen.
Die soziologische und religionspädagogische Charakterisierung der gegenwärtigen kirchlichen Situation kann nie eine eindeutige *Prognose für die Zukunft* abgeben; aber man kann aus ihr, wie es hier geschieht, einige bezeichnende, unterschiedlich naheliegende Möglichkeiten ablesen.
Bei alldem ist aber auch noch mitzuberücksichtigen, was gerade der

Soziologe Berger über die (freilich statistisch unwahrscheinlichen) »Abweichler und Einzelgänger« ausführt. Theologisch und insbesondere religionspädagogisch sollte diese Möglichkeit nicht außer acht gelassen werden.

15 Mit der möglichen Ausnahme ganz weniger Bereiche unmittelbarer persönlicher Erfahrung sind Menschen auf soziale Bestätigung ihres Glaubens an die Realität angewiesen. So braucht wahrscheinlich der einzelne nicht unbedingt andere, um ihn zu überzeugen, daß er Zahnschmerzen hat, doch er braucht diese soziale Absicherung für die gesamte Palette seiner moralischen Glaubensvorstellungen. Anders gesagt, körperlicher Schmerz drängt seine Plausibilität ohne soziale Vermittlungen auf, während Moralität besondere soziale Umstände verlangt, wenn sie für den einzelnen plausibel werden und bleiben soll. Genau diese sozialen Umstände konstituieren die Plausibilitätsstruktur der in Rede stehenden Moralität. Beispielsweise sind moralische Werte wie Ehre, Mut und Loyalität gemeinhin für militärische Institutionen charakteristisch. Solange ein Mensch innerhalb eines solchen institutionellen Rahmens lebt, werden diese Werte für ihn höchstwahrscheinlich so plausibel sein, daß er sie nicht in Frage stellt, sondern für selbstverständlich hält. Wenn dieser selbe Mensch jedoch in einen ganz anderen institutionellen Rahmen gestellt werden sollte (sagen wir, weil in seiner Gesellschaft kein Bedarf mehr an vielen Soldaten besteht, so daß er sich aufgrund wirtschaftlicher Notwendigkeit gezwungen sieht, einen Zivilberuf zu ergreifen), dann wird er höchstwahrscheinlich anfangen, die militärischen Wertvorstellungen in Frage zu stellen. Solch ein Plausibilitätsverlust kann auch das Ergebnis sozialer Prozesse sein, tatsächlich der gleichen Art von sozialen Prozessen, die zuvor die Plausibilität der soldatischen Tugenden begründet und aufrechterhalten haben. In der früheren Situation sorgten Menschen für soziale Absicherung eines Ensembles moralischer Werte, genauso wie in der späteren Situation andere moralische Werte soziale Bestätigung erhielten. Der betreffende Mensch hat sich von einer Plausibilitätsstruktur zu einer anderen begeben.

Daraus folgt, daß eine unmittelbare Beziehung besteht zwischen der Kohäsion von Institutionen und dem subjektiven Zusammenhalt von Glaubensvorstellungen, Werten und Weltanschauungen. In einer sozialen Situation, in der jeder, mit dem der betreffende Mensch signifikante Bindungen unterhält, ein Soldat ist, kann es nicht überraschen, daß die Weltanschauung des Soldaten mit allem, was dazugehört, in besonders starkem Maße plausibel ist. Umgekehrt ist es sehr schwierig, Soldat in einer sozialen Situation zu sein, in der dies für alle anderen wenig oder gar keinen Sinn hat. Es sei freilich hinzugefügt, daß diese Beziehung zwischen sozialem Kontext und Bewußtsein nicht absolut ist. Es gibt immer Ausnahmen, daß heißt Abweichler und Einzelgänger, Menschen, die auch bei fehlender sozialer Bestätigung ihre Ansicht von der Welt und von sich beibehalten. Diese Ausnahmen sind stets interessant, doch sie widerlegen nicht die soziologische Verallgemeinerung, daß menschliche Glaubens- und Wertvorstellungen von spezifischen Plausibilitätsstrukturen abhängen. Diese Verallgemeinerung ist eine Wahrscheinlichkeitsaussage – doch die Wahrscheinlichkeit ist sehr hoch.

Aus: *Peter L. Berger,* Der Zwang zur Häresie, a.a.O., 31f.

16 Die gesamte bisherige »katechetische Strategie« der katholischen Kirche beruhte bald implizit, bald explizit auf dem sozialen Substrat des »katholischen Milieus«, das selbst mit den spezifisch religiösen Komponenten des Christentums zwar kaum etwas zu tun hat, aber als *soziale Voraussetzung* für eine relativ umfassende kognitive und affektive Beziehung zur katholischen Kirche als Repräsentantin des Christlichen wirkte. Die religiöse Sozialisation der Katholiken vollzog sich damit über eine »Identifikation mit der Kirche«, die jedoch ihrerseits durch eine Vielzahl von Identifikationen mit konkreten Personen – Eltern, Freunden, Vereinsgenossen und indirekt mit den durch charismatische Eigenschaften ausgezeichneten Bischöfen und dem Papst erfolgte. Die »opus-operatum-Lehre«, derzufolge das Heil durch den gläubigen Vollzug der kirchlich verwalteten Sakramente bewirkt wird, repräsentierte genau das institutionelle Verhältnis, in dem die Beziehung zwischen Gläubigen und Kirche erwartet wurde. Ein vorneuzeitliches Weltverständnis, das das moderne Bewußtsein möglicher Freiheit des Menschen negierte, konnte nur unter den Bedingungen einer bewußten Abschottung von der umgebenden Gesellschaft und enger Sozialkontakte unter Gleichgesinnten aufrechterhalten werden.
Solch ein »katholisches Milieu« scheint unter den heutigen

gesellschaftlichen Verhältnissen nicht mehr für breite Bevölkerungskreise herstellbar, und dies um so weniger, als heute nahezu jedermann über das Fernsehen in extensiver Weise mit der gesamtgesellschaftlichen »öffentlichen Meinung« verbunden ist. Die gelegentlich anzutreffende defätistische Vorstellung von einer »kleinen Herde« würde sich voraussichtlich in spätestens zwei Generationen einstellen, wenn es nicht gelingt, neue soziale Substrate einer christentumsbezogenen Sozialisation zu schaffen, die jedoch im Unterschied zum »katholischen Milieu« eine Synthese von christlicher Tradition und zentralen Wertvorstellungen der Moderne gestattet. [. . .]

Eine qualifizierte Gläubigkeit, die aus der inneren Aneignung heraus das Leben führte, war vermutlich auch in »christlicheren Zeiten« eher die Ausnahme als die Regel. Heute sind die gesellschaftlichen Voraussetzungen der allgemeinen Plausibilität kirchlicher Deutungsmuster zweifellos ungünstiger. Aber wo kirchliche Deutungsmuster ihre Plausibilität verloren haben, kann das christliche Vorbild dennoch wirksam Identifikationen ermöglichen, auf deren Basis schließlich denkende, glaubende und handelnd-liebende Erfüllung möglich wird. Dabei darf die Menschlichkeit des Denkens und Sprechens nicht verleugnet werden. Soll religiöse Sozialisation gelingen, dann müssen Christen im Kontakt mit solchen, die Christen werden sollen, vom Menschen gläubig reden und Menschliches gläubig erfahren, um dadurch den Glauben in menschlicher Sprache und aus menschlicher Erfahrung bezeugen zu können. Menschliche Erfahrung muß in den Raum der Kirche eingebracht werden können, kirchliche Rede von Gott muß ihr Echo im Raum der alltäglichen Erfahrung finden. Nur insoweit dies gelingt, insoweit die christliche Botschaft den Menschen noch religiös zu ergreifen vermag und zu einem zentralen Element seiner Identitätsfindung und Identitätserhaltung wird, kann religiöse Sozialisation als motivkräftige Tradierung des Christentums noch gelingen. Weit mehr als das Erlernen von Techniken der Lebensbewältigung ist der Aufbau von Wertorientierungen auf gleichzeitig kognitive und affektive Lernprozesse angewiesen, die eine *Identifikation mit Personen* voraussetzen, die diese Werte im Kontext konkreter Erfahrungen präsentieren, interpretieren und ihre Verbindlichkeit vorleben. Das Entstehen derartiger Personalidentifikationen setzt in der Regel *dauerhafte Sozialbeziehungen* voraus.

Aus: *Franz-Xaver Kaufmann/Günter Stachel*, Religiöse Sozialisation, in: *Franz Böckle u. a.* (Hrsg.), Christlicher Glaube in moderner Gesellschaft, Bd. 25, Verlag Herder, Freiburg u. a. 1980, 117–164, hier 133f., 157.

3.3 Das Gewicht geschichtlicher Bezeugung

Von Lessing gibt es die markante Feststellung, daß zwischen dem gegenwärtigen kirchlichen Glauben und der Vergangenheit, auf die er sich beruft, »ein garstiger breiter Graben« bestehe. Während die Christen ihrem eigenen Selbstverständnis nach ihr Vertrauen und ihre Zuversicht ganz aus der geschichtlichen Erinnerung beziehen müßten, wird diese in der Neuzeit gerade zur entscheidenden Einbruchsstelle für Verlegenheiten. Schon aus alltäglichen Erfahrungen liegt es nahe, daß wir uns nur mit Vorbehalt auf das verlassen können, was wir »vom Hörensagen« haben. Aber weit mehr hat die Geschichtswissenschaft mit Nachdruck darauf aufmerksam gemacht, daß viele unserer Überlieferungen unter rein historischem Interesse fragwürdig sind. Ein solches historisch-kritisch distanziertes Verhältnis zur Vergangenheit ist auch in die Theologie eingezogen: in die Kirchengeschichte, folgenreich vor allem aber in die Bibelwissenschaften. Dies wurde weithin als eine Erschütterung des Glaubens erfahren – und noch heute klingen hier und da die Beunruhigungen nach.
Aber andererseits zeigt sich gerade im Verhältnis zur Geschichte wie nirgend sonst, ob der Glaube fähig ist, sich selbst in seinem eigenen Charakter zu begreifen und sich nach den ihm eigenen Bedingungen anzunehmen; oder ob er mehr sein will, den Verhältnissen dieser Welt überlegener, als ihm zukommt. Die Geschichtlichkeit ist der zeitliche Ausdruck dafür, daß der christliche Glaube auf Erfahrungen und Überzeugungen der Gemeinschaft gründet, nicht auf privaten Einsichten einzelner oder einem allgemeinen, immer gleichen Erkenntnisvermögen menschlicher Natur. Es gibt ein Lernen, das an bestimmte herausragende Situationen gebunden ist und nicht zu jeder Zeit in gleicher Weise wiederholt werden kann. Darauf machen die drei folgenden Texte unter wechselnden Perspektiven aufmerksam.

• Das *Zweite Vatikanische Konzil* verabschiedete 1966 die *Dogmatische Konstitution über die göttliche Offenbarung* »Dei verbum«. Darin gibt Artikel 7 eine systematisch komprimierte Sicht der Glaubensgeschichte. Die Ausführungen sind leicht schematisierbar (in eine Skizze übertragbar), wenn auf folgende Momente geachtet wird:
– Welche Akteure werden einander zugeordnet?
– Welche Rollen werden ihnen dabei zugesprochen?

– Welche zeitliche Ordnung kommt dabei zustande?
– Wie wird die Sache, um die es geht, differenziert?

Dabei werden vor allem folgende theologisch erhebliche Gesichtspunkte in den Blick treten:

– das Verhältnis von Partikularität und Universalität im christlichen Glauben,
– der Zusammenhang von Vergangenheit und Zukunft,
– die verschiedenen Weisen der Überlieferung des Evangeliums von den Aposteln her.

Zu fragen bleibt allerdings angesichts dieser Systematisierung, ob menschliche Geschichte – auch die des Glaubens – faktisch in so konsequenter Ordnung verläuft oder ob nicht in ihr auch die Umwege und Hemmnisse eine gewichtige (auch positive) Rolle spielen. Darauf werden die späteren Texte eingehen.

17 Was Gott zum Heil aller Völker geoffenbart hatte, das sollte – so hat er in Güte verfügt – für alle Zeiten unversehrt erhalten bleiben und allen Geschlechtern weitergegeben werden. Darum hat Christus der Herr, in dem die ganze Offenbarung des höchsten Gottes sich vollendet (vgl. 2 Kor 1,20; 3,16–4,6), den Aposteln geboten, das Evangelium, das er als die Erfüllung der früher ergangenen prophetischen Verheißung selbst gebracht und persönlich verkündet hat, allen zu predigen als die Quelle jeglicher Heilswahrheit und Sittenlehre und ihnen so göttliche Gaben mitzuteilen. Das ist treu ausgeführt worden, und zwar sowohl durch die Apostel, die durch mündliche Predigt, durch Beispiel und Einrichtungen weitergaben, was sie aus Christi Mund, im Umgang mit ihm und durch seine Werke empfangen oder was sie unter der Eingebung des Heiligen Geistes gelernt hatten, als auch durch jene Apostel und apostolischen Männer, die unter der Inspiration des gleichen Heiligen Geistes die Botschaft vom Heil niederschrieben.

Aus: *Zweites Vatikanisches Konzil,* Dogmatische Konstitution über die göttliche Offenbarung, Artikel 7.

• Der Dogmatiker *Karl Lehmann* hat (im Unterschied zum vorausgehenden Konzilstext) die Situation vor Augen, daß überlieferte Glaubenszeugnisse heutige Adressaten nicht mehr hinreichend ansprechen und offensichtlich auch nicht durch eine einfache »Übersetzung« in eine zeitgemäßere Sprache wieder leicht zugänglich gemacht werden können. Dies ist für ihn Anlaß zu »*pastoraler* Sorge«, aber auch zu *systematisch-theologischen* Überlegungen, welche grundsätzlichen Regeln im Umgang mit der kirchlichen Tradition hier angebracht sein

könnten. (In diesem Zusammenhang ist von einem »Kanon« die Rede; dieses Wort meint hier – im Unterschied zu anderem theologischen Sprachgebrauch – »Kriterium«, »Maßstab«. Zum Begriff »Hermeneutik« vgl. die Erläuterungen in *Kapitel 6.4.1.*)
Mehr oder minder ausdrücklich rechnet der Text bei unserem Verhältnis zur Tradition mit folgenden Möglichkeiten:

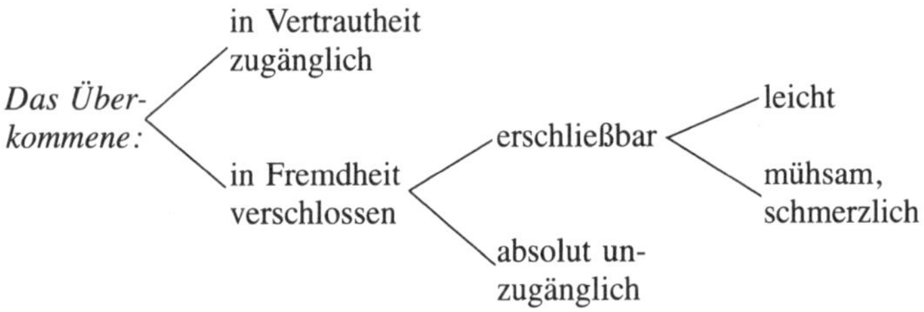

Bestimmte Punkte dieser Skizze werden allerdings verständlicherweise nicht weiter besprochen, andere dagegen ausführlicher erwogen. Insgesamt lassen sich dem Text für die kirchliche Verkündigung wie für die Theologie *zwei fundamentale hermeneutische Grundsätze* entnehmen. Daß hier zu den unterschiedlichen Verständnismöglichkeiten keine Beispiele angeführt werden, liegt nahe; denn sie lassen sich nicht allgemeingültig feststellen, sondern sind je nach individuellen, gruppenspezifischen und kulturellen Voraussetzungen verschieden. Die formale Skizze gibt zu überlegen, wie sie etwa mit bestimmten Fällen veranschaulicht werden könnte.

18 Wir tun zunächst aus wirklich *pastoraler* Sorge gut daran, uns beständig zu fragen, ob unsere Verkündigung bei den Menschen von heute »ankommen« kann und ob sie personal realisierbar sei. Dieser Kanon ist freilich nicht das einzige Kriterium christlicher Verkündigung. Gerade das deutliche Bewußtsein von der Endlichkeit und Kontingenz des menschlichen Wissens, das wir heute haben, müßte uns auch vorsichtig machen. Wir müssen im Begriff des »Fremdgewordenen« differenzieren. Wenn das Frühere das absolut Nicht-Assimilierbare geworden ist, ist der Fall leicht. Aber wenn das Fremde zunächst einmal das andere ist, das wir eben nicht kennen, das vielleicht in beständiger Meditation, mit aller wissenschaftlichen Arbeit und auch im Gebet gleichsam belagert sein will, bis es sein Geheimnis preisgibt und sich dann als ein Segen herausstellt, der uns wirklich gerade in seiner Fremdheit und Andersheit etwas Neues

sagen kann? Wenn es etwas wäre, was wir zwar noch nicht oder nicht mehr wissen, das gerade deswegen aber hilft, weil es uns auch von uns selbst befreit? Eine solche Bereicherung kann ein mühsamer und schmerzlicher Prozeß sein. Aber ist das ein Argument dagegen? Auch die erwähnte Einsicht ist ein Grundsatz der heute vielzitierten Hermeneutik, gerade da, wo diese am modernsten ist. Es wäre gefährlich, wollten wir immer nur das aus der Heiligen Schrift und aus der kirchlichen Überlieferung heraushören, was *uns* paßt. Vielleicht wäre Christus dann nur die Initialzündung zur Erfüllung unserer eigenen Tagträume, nur das Stichwort der Hoffnungen unserer Umwelt und so nicht mehr der Herr unseres Lebens, dem wir zu dienen haben.

Aus: *Karl Lehmann,* Bedarf das Glaubensbekenntnis einer Neufassung?, in: *Ders.,* Gegenwart des Glaubens, Matthias-Grünewald-Verlag, Mainz 1974, 109–142, hier 137.

• Der Dogmatiker *Walter Kasper* (vgl. *Texte 3* und *14*) erläutert die Bedeutung der geschichtlichen Dimension für den christlichen Glauben gerade im Kontrast zu verschiedenen *geschichtslosen Interpretationen* unserer Welt (seien es religiöse oder philosophische) und angesichts zweier *theologischer Gefahren* im Verhältnis zu den überkommenen Zeugnissen des Glaubens.
Deutlich nehmen die Ausführungen gerade im Blick auf die heutige Situation einen mahnenden Charakter an. Der Grund für diesen appellativen Bezug zur Gegenwart wäre über das hier Angedeutete hinaus noch weiter zu bedenken.
Zu einigen Textelementen dürften weitere Informationen hilfreich sein, so lexikalische Auskünfte zu den vorkommenden *Namen* (Rudolf Bultmann, Blaise Pascal, Sallust; Doketismus) und Erläuterungen zur Bedeutung der angesprochenen *Bibelstellen* (Hebr 1,1; 1 Kor 2,2) in ihrem ursprünglichen Kontext.

19 Die Geschichte ist keine Beunruhigung, die von außen in einen an sich ungeschichtlichen Glauben einbricht, sie ist keine Infragestellung des Glaubens, sondern seine ureigenste Dimension. Die Offenbarung des Alten und Neuen Testamentes unterscheidet sich von den Mythologien und Naturreligionen gerade dadurch, daß sie wesentlich und innerlich geschichtlich ist. Während von den Mythen gilt, daß sie immer geschehen und nie geschehen sind (Sallust), lautet das grundlegende Bekenntnis des christlichen Glaubens: Gott ist Mensch geworden. Diese Selbstentäußerung Gottes in der Geschichte, die sich in Jesus

Christus vollzogen hat, ist aber nichts anderes als der Abschluß eines langen geschichtlichen Dialoges, den Gott zu verschiedenen Zeiten und auf vielfache Weise durch die Propheten geführt hat (Hebr 1,1). Nicht die Natur und nicht die Tiefen der menschlichen Seele, sondern die Geschichte ist die Dimension, in der wir als Christen Gott begegnen.

Die christliche Verkündung hat deshalb nicht den Gott der Philosophen, ein höheres und ein höchstes Wesen zu lehren, sondern den Gott Abrahams, Isaaks und Jakobs (B. Pascal) zu bezeugen. Sie hat nicht ein System abstrakter Wahrheiten oder eine allgemeine Weltanschauung zu vertreten, sondern die geschichtlichen Großtaten Gottes auszurufen und durch Wort und Sakrament zu vergegenwärtigen. Sie bleibt an das »in illo tempore« gebunden. Sie hat nichts anderes zu wissen als Jesus Christus, und diesen als den konkreten, geschichtlichen, den gekreuzigten (1 Kor 2,2). Wer diesen historischen Jesus nicht ernst nimmt, der verfällt, wie die Theologie heute wieder erkannt hat, dem Doketismus, er macht aus der Menschwerdung einen Schein und aus Christus einen ungeschichtlichen Mythos. Der Bezug auf die Geschichte gehört also konstitutiv zum christlichen Glauben.

Man kann deshalb der Problematik, die uns durch die Geschichte heute gestellt wird, nicht entgehen, indem man sich auf einen vermeintlichen Innenraum des Glaubens zurückzieht und die geschichtlichen Fragen als für den Glauben irrelevant abtut. Eine solche Flucht aus der Geschichte wird gegenwärtig oft in zweifacher Weise versucht. Entweder setzt man den Glauben der Kirche als Letztgröße, die für sich selbst bürgt und in der man fraglos geborgen ist, auch wenn die geschichtlichen Probleme turmhoch anwachsen (katholische Gefahr), oder man versucht eine existentiale Interpretation des Glaubens und gewinnt auf diese Weise eine sturmfreie Zone; man setzt dann das Glaubenswagnis des einzelnen als ein Letztes, das nicht mehr auf ein inhaltliches, geschichtliches »Was«, sondern nur noch auf das punktuelle »Daß« des Gekommenseins Jesu bezogen ist. Der Sinn der Geschichte erfüllt sich dann im Je und Je des gegenwärtigen Glaubens (R. Bultmann). In beiden Fällen kann die Geschichte den Glauben nicht mehr anfechten, weil sie im Grunde nichts mehr für ihn bedeutet. In beiden Fällen ist der für den Glauben konstitutive Bezug auf die Geschichte geleugnet und das Wesen des christlichen Glaubens in Frage gestellt.

Letztlich bedeuten beide Lösungen, daß das Christentum aus der Geschichte aussteigt und einen gläubigen, im Grunde gettohaften Innenraum kultiviert. Wenn aber der Glaube so geschichtslos wird, muß dann nicht die Geschichte glaubenslos werden? Was bleibt dann noch von der universalen Sendung, von der weltverändernden und deshalb Geschichte machenden Kraft des Christentums? Wir haben gerade heute allen Grund, den geschichtlichen Charakter des Christentums zu betonen und zu sagen, daß Gott wirklich in diese unsere konkrete Geschichte eingegangen ist, sie angenommen und erlöst hat. Eine extrem-einseitige existentiale Interpretation des Glaubens, wo es statt der Geschichte nur noch die subjektive Geschichtlichkeit gibt, macht das Christentum weltlos und komplimentiert Gott aus der konkreten Geschichte hinaus.

Aus: *Walter Kasper,* Kirche und Theologie unter dem Gesetz der Geschichte, in: *Ders.,* Glaube im Wandel der Geschichte, Matthias-Grünewald-Verlag, Mainz 1973 (= Topos-Taschenbücher 21), 39–62, hier 43–45.

4 Zur Mitteilbarkeit des Glaubens

4.1 Die geschichtliche Bedingtheit von Weltbild und Sprache

Wenn wir uns unsere Welt aneignen, dann gehört immer dazu, daß wir uns mit anderen über sie verständigen. Dies geschieht – von frühen Kindheitstagen an – grundlegend durch die Sprache. Durch sie werden uns unsere gemeinsamen Erfahrungen gegenwärtig und mitteilbar. Wir können über das, was wir wahrnehmen und tun, nur soweit reflektierend und handelnd verfügen, als wir es uns »vertextet« haben. Wir haben es nie mit einer »Wirklichkeit an sich« zu tun. Darauf verweisen auch unter ihrer besonderen Perspektive die Ausdrücke »Welt*bild*« und »Glaubens*vorstellungen*«. Unser Realitätsbezug ist uns nie einfach *naturwüchsig* schon gegeben, sondern wird von uns selbst aufgebaut; er ist uns durch unsere eigene *Kultur* vermittelt.
Dies hat zur Folge, daß sich in der Vielfalt menschlicher Kulturen und in ihrem geschichtlichen Wandel die Welt, mit ihren Verhältnissen und Ereignissen, recht unterschiedlich ausnehmen kann. Wer meint, daß er selbst einen unmittelbaren, unverstellten und deshalb »richtigen« Zugang zur Wirklichkeit habe, kann leicht den ihm fremden »Vorstellungen« mit naiver Überlegenheit begegnen. Wer dagegen um die kulturelle Bedingtheit auch seiner eigenen Position weiß, wird ihnen mit größerer Verständnisbereitschaft gegenüberstehen, auch wenn er sie selbst nicht übernehmen kann.

• Der erste Text dieses Kapitels ist dem *Catechismus Romanus* entnommen, der nach dem Beschluß des Konzils von Trient (1545–1563) der gesamten Kirche ein verbindlicher Leitfaden für Predigt und Katechese sein sollte. Nicht alle seine Texte würden auf uns derart befremdlich wirken wie der hier ausgewählte; aber um so aufschlußreicher belegt er die geschichtliche Bedingtheit der Glaubensaussagen.
Die Frage nach den »Aufenthaltsorten«, an denen sich »die Seelen« der Verstorbenen befinden, wenn sie noch nicht in die Seligkeit Gottes eingegangen sind, wird hier bei der Behandlung des Glaubensbekenntnisses gestellt, in dem es (nach älterer Übersetzung) von Christus heißt: »abgestiegen zu der Hölle, am dritten Tage wieder auferstanden von den Toten«.

Um den Text in seiner Eigenart und seinem Gewicht richtig zu beurteilen, sind vor allem folgende Fragen zu bedenken:
- Wie ist die Szenerie dieses Textes nach Orten, Akteuren, Geschehnissen und moralischen Qualifikationen gestaltet?
- In welchem Grad von Gewißheit sind die Ausführungen formuliert, und worin wird die Erkenntnis begründet gesehen?
- In welchem Verhältnis steht die hier gegebene Thematik samt ihrer besonderen Entfaltung zur biblischen Verkündigung?
- Welche Elemente des Textes erscheinen uns vielleicht nur altertümlich und fremd, welche dagegen wirken auf uns etwa abstoßend?
- Welche kirchliche Praxis legt der Text nahe, und welche Folgen könnten sich vielleicht daraus ergeben haben?
- Wie könnte es sich auf unser Verhältnis zu diesem Text auswirken, daß er zahlreiche Entsprechungen in der bildenden Kunst hat?

20 *Wie viele Orte es gebe, an welchen die noch außerhalb der Seligkeit befindlichen Seelen nach dem Tode aufbehalten werden.*

Jedoch sind nicht alle diese Aufenthaltsorte von einer und derselben Art. Es gibt nämlich einen höchst grausigen und dunklen Kerker, wo die Seelen der Verdammten zugleich mit den unreinen Geistern durch ein ewiges und unauslöschliches Feuer gepeinigt werden, welcher auch Gehenna, Abgrund und in der eigentlichen Bedeutung Hölle genannt wird. Außerdem gibt es ein Reinigungsfeuer, worin die Seelen der Frommen eine bestimmte Zeit lang gepeinigt und so geläutert werden, damit ihnen der Eintritt ins ewige Vaterland offenstehen könne, in welches nichts Beflecktes eingeht. Und zwar wird der Pfarrer von der Wahrheit dieser Lehre, welche, wie die heiligen Concilien erklären, durch die Zeugnisse der Schrift und die apostolische Tradition bestätigt ist, um so sorgfältiger und häufiger sprechen müssen, weil wir in solche Zeiten geraten sind, in welchen die Menschen die gesunde Lehre nicht mehr vertragen. Endlich gibt es noch eine dritte Art von Behausung, worin die Seelen der Heiligen vor Christi des Herrn Ankunft aufgenommen wurden und dort ohne jedes Gefühl eines Schmerzes, durch die selige Hoffnung der Erlösung aufgerichtet, einen ruhigen Aufenthalt genossen. Die Seelen dieser Gerechten nun, welche im Schoße Abrahams den Erlöser erwarteten, hat Christus der Herr bei seinem Hinabsteigen in die Hölle befreit.

Aus: *Römischer Katechismus*. Catechismus nach dem Beschlusse des Concils von Trient [1566], 1. Teil, 6. Hauptstück, 3. Abschnitt, Regensburg 1908, 50.

● Die beiden nächsten Texte stehen in enger Zuordnung zueinander: Der Abschnitt aus einer Abhandlung des »Kirchenvaters« *Athanasius* (geb. 295 in Alexandrien, gest. 373 als Bischof seiner Geburtsstadt) wird von *John Macquarrie*, einem amerikanischen Theologen, innerhalb einer weitreichenden Untersuchung religiöser und theologischer Sprache erläutert.
Es ist aber auch aufschlußreich, die Ausführungen des *Athanasius* über die Erlösung durch Jesu Kreuzestod zunächst mit dem vorhergehenden *Text 20* des *Römischen Katechismus* zu vergleichen. Obwohl die Themen im einen und im anderen Fall nicht dieselben sind, finden wir deutlich weltbildhafte Gemeinsamkeiten.
Die kommentierende Beurteilung des Athanasiustextes durch Macquarrie ist vor allem danach zu befragen,
– auf welche Textelemente und -strukturen sie besonders achtet,
– unter welchen Gesichtspunkten sie das Verhältnis eines heutigen Lesers zu dem vorgegebenen Text beurteilt,
– was die für möglich gehaltene »Neuinterpretation« leisten müßte.
Die letzte Frage wird freilich von dem ausgewählten Text selbst nicht mehr ausdrücklich und ausführlich beantwortet; aber die Richtung, in die entsprechende Versuche gehen müßten, ist angedeutet. Wer sich darauf einläßt, wird dabei auch entdecken können, warum es fragwürdig ist zu sagen, man übertrage dabei nur »*den* Inhalt« des alten Textes in neue Formulierungen (dazu s. auch das nächste *Kapitel 4.2*).
Macquarrie benutzt in seinen Ausführungen die Wörter »mythisch« und »mythologisch«. Ein Blick in verschiedene Lexika kann den variierenden Bedeutungsspielraum dieser Ausdrücke aufdecken.

21 Wenn [. . .] der Feind unseres Geschlechtes, der Teufel, aus dem Himmel verstoßen, in dieser unteren Luft umherirrt und hier seinen gleich ihm ungehorsamen Genossen gebietet, mit Blendwerk auf die Phantasien (der Menschen) einwirkt und die aufwärts Strebenden zurückzuhalten sucht [. . .], wenn sodann der Herr gekommen ist, den Teufel zu stürzen, die Luft zu reinigen und uns den Weg zum Himmel zu bahnen [. . .], und wenn dies durch den Tod geschehen mußte, durch welchen anderen Tod wäre das geschehen als durch den in der Luft, durch den am Kreuze? Denn nur dann stirbt einer in der Luft, wenn er sein Leben am Kreuze beschließt. Darum hat auch mit Recht der Herr diesen Tod erduldet. Doch so erhöht, reinigte er die Luft von der Nachstellung des Teufels und jedem Anschlag der bösen Geister.

Aus: *Athanasius,* De Incarnatione, in: *J.-P. Migne* (Hrsg.), Patrologiae cursus completus, series graeca, Bd. 25, Sp. 96d–197a. Deutsche Übersetzung: Über die Menschwerdung des Logos, in: Bibliothek der Kirchenväter 31, Kösel-Verlag Kempten/München 1917, 82–156, hier 114, Cap. 25.

22 Versuchen wir, einige der Voraussetzungen zu klären, die für Athanasius selbstverständlich waren, als er den oben zitierten Abschnitt schrieb. Als eine dieser Voraussetzungen ist zunächst ein Bereich zu nennen, der »Himmel« heißt und irgendwo oberhalb der Erde liegt; als zweite Voraussetzung: ein Verlangen, wenn nicht gar ein Streben der menschlichen Seele »aufwärts« zum Himmel; als dritte Voraussetzung: die Geschichte, daß Luzifer und seine Spießgesellen sich in entgegengesetzter Richtung bewegen, insofern sie nach ihrem uranfänglichen Aufbegehren gegen Gott aus dem Himmel »verstoßen« wurden; und schließlich als Konsequenz: der Glaube, daß die untere Luft nunmehr der Aufenthaltsort der Dämonen und daher von bösen Geistern so erfüllt und beherrscht ist, daß der Weg aufwärts zum Himmel selbst für die Seelen, die dorthin streben, versperrt ist. – Da nun kein moderner Mensch diese Voraussetzungen teilt, ergibt die Argumentation des Athanasius keinen Sinn. Der moderne Mensch hat zwar sicher im Verlauf seiner literarischen Ausbildung oder religiösen Erziehung von der Geschichte der gefallenen Engel gehört, aber sie wird wohl kaum einen Einfluß auf seine Weltanschauung genommen haben. Er würde gewiß nicht annehmen, daß diese Geschichte einen Ansatz für die Topographie der äußeren Schichten unseres Planeten bietet. Er hält die Luft nicht für den Aufenthaltsort von Dämonen, sondern für ein Gemisch aus Stickstoff, Sauerstoff, Kohlendioxyd, Wasserdampf und anderen Gasen, und die möglicherweise darin vorhandenen Schichten oder Regionen sind abhängig von Dichte, Strahlung und anderen ausschließlich physikalischen Faktoren. Er wäre sich keines Verlangens, »aufwärts« zu streben, bewußt bzw. würde dieses gleich als den bloßen Wunsch nach einer besseren Existenz deuten.
[...] Haben wir auf die Lektüre des mythologischen Abschnitts von Athanasius zunächst vielleicht verwirrt oder amüsiert reagiert, so genügt bereits eine kurze Reflexion, um uns aufgeschlossener zu machen. Der Text gibt mehr her, als wir auf den ersten Blick vermutet haben. Dies bedeutet jedoch, daß wir uns nach einer Neuinterpretation umsehen müssen. Es ist sehr wahr-

scheinlich, daß die mythischen Vorstellungen damals etwas in ursprünglicher Weise zum Ausdruck und zur Darstellung gebracht haben, auch wenn sie auf der heutigen Kommunikationsebene keinen Sinn mehr ergeben. Müßte es deshalb nicht möglich sein, den Inhalt eines Mythos in einer erneuten Interpretation so zu formulieren, daß sich wieder eine Kommunikation einstellt?

Aus: *John Macquarrie,* Gott-Rede. Eine Untersuchung der Sprache und Logik der Theologie, Echter Verlag, Würzburg 1974 (orig.: God-Talk, Harper & Row Publishers, New York 1974), 116.

• *Josef Kopperschmidt,* Professor für Sprache und Kommunikation, weist an dem Beispiel des einen Wortes »Gnade« nach, wie groß der Spielraum der Bedeutungen bei bestimmten Ausdrücken sein kann; wie man insbesondere bei einem überkommenen religiösen Sprachgebrauch damit rechnen muß, daß er von anderen Bedeutungen umstellt und verdeckt wird, an Verständlichkeit einbüßt, Mitteilungen vielleicht eher belastet als bereichert.

Oft wird in einem solchen Fall versucht, die sprachliche Bedeutung dadurch zu fixieren, daß man der Geschichte eines Wortes nachgeht, in möglichst ferne Herkünfte, d. h. man befragt die *Etymologie* in der Annahme, man könne dann sagen, was das Wort »eigentlich« meine und was sein »richtiger« Sinn sei. Aber auf diese Weise bekommt man nicht den wirklichen Sprachgebrauch in den Blick; meistens hat er sich weit von dem entfernt, was sich etymologisch feststellen läßt.

Sprachliche Wendungen und *Redensarten* zu suchen, in denen das zu prüfende Wort begegnet, ist ein naheliegender Weg, seine Bedeutung zu ermitteln. Ein anderer, der vor allem dem emotionalen Gehalt sprachlicher Elemente nachspürt, bestünde darin, *Assoziationen* zu sammeln, etwa unter dem Impuls »›Gnade‹ erinnert mich an . . .«, ». . . wirkt auf mich wie . . .« o. ä. Für das Ergebnis aufschlußreich ist es, in welchen Lebensbereichen die einzelnen Bedeutungen vielleicht vor allem wirksam sind und aufgrund welcher Erfahrungen (seien es übergreifend geschichtliche und gesellschaftliche oder seien es persönliche) sie vielleicht zustande kamen oder bestärkt wurden.

Wenn man solche kleinen Sprachprüfungen anstellt (etwa auch von Wörtern wie »Sünde«, »heilig«, »Nächstenliebe«), muß man sich jedoch bewußt sein, daß die Schwierigkeiten, sich heute religiös zu verständigen, nicht einfach am Wortschatz liegen und deshalb auch nicht durch ihre Vermeidung oder »Übersetzung« schon bereinigt sind. Die einzelnen Wörter sind nur Symptome dafür, daß unsere Sprache und mit ihr unser Denken und unser Weltverständnis geschichtlich bedingt und wandelbar sind.

23 Nur ein Beispiel: »Es ist erschienen die Gnade Gottes allen Menschen« (Tit 2,11). Ausgehend von dem Satz des späten Wittgenstein der philosophischen Untersuchungen: »Der Sinn eines Wortes ist dessen Gebrauch in der Sprache« stellt sich die Frage nach dem Sinn des Wortes »Gnade« als die Frage nach seinem Gebrauch in der Sprache. Zunächst wird man feststellen, daß das Wort »Gnade« in Kuppers Wörterbuch der deutschen Umgangssprache bzw. Alltagssprache nicht vorkommt. [. . .] Versucht man dennoch, wenigstens vereinzelt heute noch gebrauchte und verständliche sprachliche Wendungen aufzufinden, in denen das Wort »Gnade« erscheint, dann dürfte man ungefähr zu folgendem Ergebnis kommen:

»Begnadigen«: das institutionelle Recht, etwa des Bundespräsidenten, eine Strafe zu verringern oder zu erlassen.

»Gnadenlos«, »keine Gnade kennen«: eine brutale Handlungsweise etwa im modernen wirtschaftlichen Konkurrenzkampf.

»Gnädig« außer der höflichen Anredeform gegenüber Damen besonders in den Wendungen »sich gnädig zeigen«, »sich gnädig herablassen«: sich generös und konziliant geben, obwohl man es aufgrund seiner Stellung gar nicht nötig hätte.

»Gnädig davonkommen«: etwas mit heiler Haut überstehen.

»Gnade dir Gott!«: scharfe Form der Androhung und Einschüchterung.

»Gnadenfrist«: ein letzter, nur widerwillig zugestandener und zeitlich begrenzter Aufschub.

»Gnadenstoß«: Abkürzung des Todeskampfes.

»Gnadenbrot«: großzügige Gewährung einer Altersverpflegung, auf die eigentlich kein Anspruch besteht.

»Gnade vor (für) Recht walten (ergehen) lassen«: ein Auge zudrücken, nicht allzu genau sein, sich großzügig zeigen.

»Auf Gnade und Ungnade«: sich der Macht und dem Willen eines anderen bedingungslos unterstellen.

»Aus Gnade und Barmherzigkeit«: sich breitschlagen lassen, widerwillig nachgeben.

»Von jemandes Gnade abhängen«: unfrei und abhängig sein, katzbuckeln müssen, keinen Rechtsanspruch haben.

Man kann das in den zitierten Beispielen sich deutlich abzeichnende säkulare Verständnis von »Gnade« von Anfang an als illegitime Usurpation eines zentralen christlichen Glaubensbegriffes verurteilen und entsprechend konsequent [. . .] einer

Sprachreinigung – diesmal allerdings unter christlicher Ägide – das Wort reden, welche »die Sprache heimholt in die Kirche«. Wenn man jedoch einem solchen Unterfangen mißtraut und jede, meist auf kulturkritischem Ressentiment beruhende Distinktion zwischen erlaubtem und unerlaubtem Sprachgebrauch in Frage stellt, dann wird man zunächst eine offensichtliche Diskrepanz zwischen säkularem und christlichem Verständnis von »Gnade« konstatieren: »Gnade«, wie sie seit der christlichen Rezeption des germanischen Wortes im 7. Jahrhundert verstanden wurde, d. h. als die jeden Rechtsanspruch übersteigende und damit nur frei zu leistende personale Gunst, klingt in den genannten Beispielen kaum noch an; denn »Gnade«, die aus eigener Machtfülle den legitimen Anspruch als Maß des eigenen Handelns aufheben kann, setzt ein ganz bestimmtes Orientierungsschema voraus, in dem es »oben« und »unten« gibt, Höherstehende und Niedrigstehende, Reiche und Arme, Mächtige und Hilflose, Rechtsinhaber und Rechtlose ... »Gnade« setzt als Bedingung ihrer Möglichkeit das Gefälle von »oben« nach »unten«, von dem mildtätigen Spender zu dem dankbaren Empfänger voraus. Daß dieses Orientierungsschema als eine die gesellschaftliche Wirklichkeit strukturierende Norm heute nicht mehr verstanden und bejaht wird, steht außer Frage.

Aus: *Josef Kopperschmidt,* Kommunikationsprobleme der Predigt, in: *Günter Biemer* (Hrsg.), Die Fremdsprache der Predigt. Kommunikationsbarrieren der religiösen Mitteilung, Patmos Verlag, Düsseldorf 1970, 30–57, hier 45–47.

4.2 Die Verarbeitung überkommener Sprache

Die geschichtliche Bedingtheit von Weltbild und Sprache (vgl. *Kapitel 4.1*) bedeutet unter Umständen eine Belastung des Glaubens: Er kann in einer Gestalt gesagt und gehört werden, in der er keine herausfordernde und aufbauende Kraft mehr erkennen läßt. In diesem Fall gibt es grundsätzlich zwei Möglichkeiten: Einmal kann man vor allem darauf bedacht sein, an den überkommenen Formulierungen weitgehend unverändert festzuhalten und aufs neue Verständnis für ihren Gehalt zu wecken. Dies hat den Vorteil, daß vielleicht eine formale Sprachgewohnheit nicht gestört wird; aber man beläßt die Kluft zwischen der üblichen Sprache und der des Glaubens unvermindert, ja man ruft sie noch stärker ins Bewußtsein. Zum anderen kann man aber auch versu-

chen, den Glauben in Worten zu sagen, die der Sprache und dem Weltverständnis der Hörer heute näherliegen. Eine solche »Übersetzung« hat freilich auch ihre Nachteile: Wo einige meinen, daß sie dabei »im wesentlichen dasselbe« sagen wie zuvor, »nichts *anderes,* sondern nur *anders*«, wird ihnen vielleicht entgegengehalten, daß sie die »Substanz« des Glaubens mindern. Eine Übersetzung aus einer bestimmten kulturellen Lebenswelt in eine andere ist nicht einfach mit einem fertigen Wörterbuch und nach eindeutigen Regeln zu leisten; man muß immer danach Ausschau halten, wer ihr zustimmen kann und wer durch sie irritiert wird.
Die Schwierigkeit, das uns Fremde (Fremdgewordene) unter unseren eigenen Verständnisbemühungen zu begreifen, wird in Theologie und Philosophie gelegentlich *»das hermeneutische Problem«* genannt (vgl. dazu mehr in *Kapitel 6.4.1*).

• Ein für uns vielleicht schon etwas amüsantes, aber dennoch ernst zu nehmendes Beispiel für die Verständnisschwierigkeiten religiöser Sprache erzählt *Johannes Cassianus* (gest. um 430) in seinen »Collationes Patrum« (Gesprächen mit den Vätern, d. h. den Einsiedlern in Ägypten). – Der Verlauf der Szene und die Charakterisierung der einander gegenüberstehenden Personen in ihrem Verhalten lassen eine undifferenzierte Konfrontation nicht zu. Man kann sich leicht vergegenwärtigen, wieviel Berechtigung in der hier abgewehrten »anthropomorphen« Religiosität steckt, wie notwendig dennoch ihre Überwindung ist.
Mit Blick auf unsere heutige Situation wäre zu überlegen, warum uns selbst dieses Beispiel aus der biblischen Urgeschichte im allgemeinen kaum problematisch erscheint und welche anderen Stücke unserer Glaubensüberlieferung uns vielleicht schwierigere Aufgaben stellen und unter uns größere Beunruhigung auslösen können.

24 *Irrtum des Sarapion*

[Im 4. Jahrhundert bestand in Ägypten »die törichte Irrlehre der Anthropomorphiten«, die behauptete, »der allmächtige Gott sei nach dem Aussehen der menschlichen Gestalt gebildet«. Demgegenüber betonte der Bischof von Alexandrien in einem Lehrschreiben, daß diese Auffassung nicht dem rechten Verständnis von der Gottebenbildlichkeit des Menschen nach Gen 1,26 entspreche.]
Unter denen nun, die von diesem Irrtum befangen waren, fand sich auch Sarapion, ein Mann von alter Strenge und im tätigen Leben in allem vollendet. Seine Unkenntnis über die Lehre des erwähnten Dogmas brachte allen Bekennern des wahren Glau-

bens um so größeren Nachteil, als er selbst durch sein verdienstvolles Leben während so langer Zeit fast alle Mönche übertraf. Als dieser Mann nun durch zahlreiche Mahnungen des heiligen Priesters Pafnutius nicht auf den Weg des rechten Glaubens geführt werden konnte, weil ihm diese Ansicht neu vorkam und von den Vorfahren nicht zuverlässig überliefert, traf es sich, daß ein hochgebildeter Diakon namens Photinus im Verlangen, die in derselben Wüste lebenden Brüder zu sehen, aus Kappadozien kam. Ihn nahm der selige Pafnutius mit größter Freude auf, und zur Bestärkung der Glaubenslehre, die im Brief des oben erwähnten Bischofs dargestellt war, führte er ihn allen Brüdern vor und fragte ihn, wie die Kirchen des ganzen katholischen Orients jenes Wort der Genesis erklärten: »Laßt uns den Menschen machen nach unserem Bild und Gleichnis« (Gen 1,26). Jener legte nun deutlich dar, daß die Vorsteher aller Kirchen das Bild und Gleichnis Gottes nicht nach dem niedrigen Wortlaut, sondern geistig überlieferten, und er bewies das in ausführlicher Rede und mit zahlreichen Zeugnissen der Schrift [. . .].

Durch die zahlreichen, sehr beweiskräftigen Beteuerungen des gelehrten Mannes bewogen, ließ sich der Greis endlich zum Glauben an die katholische Überlieferung bringen. [. . .] Und zur Danksagung erhoben wir uns und verrichteten gemeinsame Gebete. Doch da der Greis nun merkte, daß jenes menschenförmige Bild der Gottheit, das er sich gewöhnlich beim Beten vorstellte, aus seinem Herzen beseitigt war, wurde er im Geiste derart verwirrt, daß er plötzlich in bitteres Weinen und anhaltendes Schluchzen ausbrach, sich auf den Boden warf und mit lautem Geheul ausrief: »Weh mir Armen! Sie haben mir meinen Gott genommen, und nun habe ich keinen, den ich festhalten kann, und weiß nicht, wen ich anbeten und mit Bitten bestürmen soll!«

Aus: *Johannes Cassianus,* Collationes Patrum X,1–3 (nach: Ders., Weisheit der Wüste, Benziger Verlag, Einsiedeln/Köln 1947, 170–174).

Von Anfang an versuchte der christliche Glaube für sein eigenes Selbstverständnis und für seine Mitteilung nach außen knappe Bekenntnisse zu formulieren, etwa wie Paulus in seinem Brief an die Römer (10,9): »Wenn du mit deinem Mund bekennst: ›Jesus ist der Herr‹ und in deinem Herzen glaubst: ›Gott hat ihn von den Toten auferweckt‹, so wirst du gerettet werden.« Paulus zitiert hier zwei Aussagen und fügt sie so zusammen, daß sie sich wechselseitig Bedeutung verleihen; auf diese

Weise kommt er gleichzeitig zu einer etwas größeren, sprachlich differenzierteren Bekenntnisformulierung. Da solche Sätze nicht zu allen Zeiten und bei allen Hörern gleichermaßen verständnisweckend und gemeinschaftsstifend wirken, hat man sich in der Geschichte des christlichen Glaubens auch nicht ein für allemal mit der biblisch vorgegebenen Sprache begnügt.

• In seinen Überlegungen, wie man heute den Glaubensinhalt knapp, hinreichend und verständlich sagen könne, stellt *Walter Kasper* (vgl. *Texte 3,14* und *19*) fest, daß wir unter unseren Bedingungen weniger als je mit einer einzigen *»Kurzformel«* für die gesamte Gemeinschaft der Gläubigen rechnen dürften. Es müsse viele Versuche geben, einen Text zu finden, der (1.) dem heutigen Verständnisvermögen entspräche, (2.) den fundamentalen und zentralen Inhalt des christlichen Glaubens enthielte, (3.) dabei das unterscheidend und provozierend Christliche hervorhöbe und (4.) die Anerkennung der Glaubensgemeinschaft fände.

25 Alle [Kurzformeln des Glaubens] werden wohl um das eine Thema kreisen, daß uns in Jesus Christus in einmaliger und unüberbietbarer Weise menschliche Freiheit begegnet und eröffnet ist, aufgrund deren wir uns als freie Menschen für alle anderen auf Leben und Tod engagieren sollen und können, weil wir wissen, daß die durch Jesus Christus erschlossene Freiheit der Grund aller Geschichte ist und daß deshalb ihr auch alle Zukunft gehört. Auch dies könnte eine Kurzformel des Glaubens sein.

Aus: *Walter Kasper,* Erste Stellungnahme, in: *Frans Haarsma u. a.,* Kirchliche Lehre – Skepsis der Gläubigen, a.a.O., 37–96, hier 87.

4.3 Einheit und Vielfalt im Verständnis des überlieferten Glaubens

Wenn wir uns bemühen, einander zu verstehen, gelingt dies oft nur begrenzt: In dem, was wir sagen, sind immer viele Voraussetzungen enthalten, die wir nicht alle jederzeit aufarbeiten können. In einer einigermaßen überschaubaren und homogenen Lebensgemeinschaft sind Diskrepanzen freilich seltener als in unserer komplexen und pluralistischen Gesellschaft (vgl. dazu *Kapitel 1.2*). Daraus ergeben sich auch Konsequenzen für die Mitteilbarkeit des Glaubens. Christen haben offensichtlich heute keine so weitreichende und gefestigte Verständigungsgrundlage mehr wie in früheren Zeiten. Gerade wenn sie darauf bedacht sind, ihren Glauben in einer Sprache zu sagen, die anderen vielleicht eher vertraut und glaubwürdig ist, werden sie merken, wie sie dabei auch neue Differenzen schaffen.

• Mit diesem Tatbestand beschäftigen sich die beiden folgenden Texte, einmal aus der Distanz der *soziologischen* Sicht, die die Gegebenheiten registriert, ohne sie zu beurteilen; zum anderen aus *theologischer* Perspektive, die bewerten muß, weil es ihr um eine lebendige christliche Gemeinschaft und einen verständigen Glauben geht.
In der Skizze der gegenwärtigen kirchlichen Verständigungssituation, die der Religionssoziologe *Alois Hahn* entwirft, ist vor allem darauf zu achten,
- wie er die Auseinandersetzungen der Theologen polarisiert sieht,
- welche Interessen er den jeweiligen Gruppen zuspricht,
- welche bezeichnenden Beispiele er zur Charakterisierung der Verständigungsschwierigkeiten heranzieht (welche anderen lägen vielleicht auch noch nahe?),
- in welcher Weise er die Laien der theologischen Diskussion zuordnet.

26 *Reaktion der Kirchen auf die Entkirchlichung*

Die Reaktion der Kirchen und ihrer Vertreter auf den selbst empfundenen Schwund an Realität des Christlichen in der Gesellschaft fällt sehr unterschiedlich aus. [. . .] Während die einen den Verlust der Glaubwürdigkeit oder vielleicht nur der Verstehbarkeit und Verständlichkeit der Botschaft durch immer neue entmythologisierende Übersetzungen aufzufangen bestrebt sind, halten andere um so strenger am Überlieferten fest. Es kann hier nicht auf die innertheologischen Kontroversen im einzelnen eingegangen werden. So viel scheint jedoch festzustehen, daß zumindest ein Teil der Theologen in seinem Bestreben, die Botschaft zeitgemäß darzustellen, insbesondere deren transzendenten Gehalt zu tilgen sucht. Jedenfalls ist dies der Vorwurf, der ihnen von anderen, gelegentlich als »konservativ« bezeichneten Theologen gemacht wird. Während sich für die einen die christliche Botschaft als Anweisung für konkretes politisches Handeln darstellt, als Aufforderung, die Gerechtigkeit hier und jetzt herzustellen, während so also das Christentum mehr und mehr seine diesseitsbezogene ethische Seite hervorkehrt, legt die andere Seite, die »theologische Rechte«, die Betonung gerade auf die Nicht-Diesseitigkeit der Heilsverheißung, auf das »Mein Reich ist nicht von dieser Welt« und wirft den »radikalen Entmythologisierern« vor, sie entfernten sich vom Kern des Christlichen, ja ihre Thesen seien geradezu »antichristlich«. Demgegenüber macht die »theologische Linke« geltend, die herkömmliche theologische Aussageweise sei für den modernen Menschen ohne jeden Realitätsbezug. Begriffe wie Auferstehung von den Toten seien, da sie sich jeder empirischen Vorstellungsmöglichkeit entzögen, schlechthin sinnlos. Es gelte, eine Übertragung solcher theologischen Termini in eine empirisch gehaltvolle Sprache zu finden, die dem heutigen Menschen etwas zu sagen vermöchte.

Nun ist es gewiß das Bestreben aller theologischen Richtungen, ihre Lehren in »verständlicher«, »gegenwartsbezogener« Form zu präsentieren. Es scheint aber, als wenn die »Progressiven« in diesem Bemühen solche Übersetzungsvorschläge einbringen, daß die »Konservativen« in ihnen bereits die »Substanz des Christlichen« nicht mehr zu entdecken vermögen. Bezieht man die nur am Rande an diesen Auseinandersetzungen beteiligten Laien in das Bild ein, so wird man sagen müssen, daß zwar nicht wenige Laien einerseits tatsächlich an wesentliche, ehedem verbindliche Gehalte der christlichen Verkündigung nicht mehr glauben, durch die Neuinterpretationen aber auch nicht gewonnen werden, in ihnen vielmehr – darin ähnlich reagierend wie die »konservativen Theologen« – ebenfalls eine Preisgabe der christlichen Botschaft sehen, so wie man sie als Kind empfangen hat. Daß man sich z. B. unter der Auferstehung Christi nicht ein physisches Ereignis vorzustellen habe, mag theologisch unumstritten sein, es mag auch nachgewiesen werden, daß dies nie die Auffassung der Kirche gewesen sei, Tatsache ist aber, daß die Mehrzahl der gläubigen wie ungläubigen Laien eben diesen Sinn als gemeint unterstellt hat.

Aus: *Alois Hahn,* Religion und der Verlust der Sinngebung. Identitätsprobleme in der modernen Gesellschaft, S. Herder & Herder, Frankfurt a. M./New York 1974, 77–79.

• Auch der Dogmatiker *Edward Schillebeeckx* hat (wie zuvor der Religionssoziologe) vorwiegend die gegenwärtige Situation der Theologie im Blick, bezieht aber letztlich auch die Christen insgesamt mit ein. Wo Schillebeeckx die Schwierigkeiten anspricht, in die die Theologie durch ihre arbeitsteilige Differenzierung in verschiedene Methoden geraten ist, verweist er auf »die hermeneutischen Komplikationen«,

»sprachanalytischen« Verfahren und »die strukturalistische Linguistik«, ohne genauer auszuführen, was damit gemeint ist. Es reicht jedoch hin zu sehen, daß er sich dabei bezeichnenderweise insgesamt auf Probleme und Aufgaben der Texterschließung und -vermittlung bezieht. (Zum Stichwort »Hermeneutik« s. die Erläuterungen in *Kapitel 6.4.1.*) Darüber hinaus sind vor allem folgende Gesichtspunkte aufschlußreich:

- die Unterscheidung des heutigen innerkirchlichen Pluralismus von demjenigen früherer Zeiten,
- die Differenz zwischen vorreflexiver Erfahrung und wissenschaftlicher Erschließung der Wirklichkeit,
- die Konsequenzen, die sich aus dieser Unterscheidung insbesondere für die Theologie ergeben,
- die Verhältnisbestimmung und Bewertung von »Orthodoxie« (griechisch = »die richtige Meinung«, »der wahre Glaube«) und »Heterodoxie« (griechisch = »die andere Meinung«, »der abweichende Glaube«),
- die Bewertung des gegenwärtigen Pluralismus und die sich daraus ergebenden Forderungen für ein verantwortbares kirchliches Selbstverständnis und Handeln.

27 Natürlich hat es in der Kirche immer einen Pluralismus theologischer Schulen gegeben. Heutzutage haben wir es jedoch mit einer anderen Form desselben zu tun. Früher gab es den Pluralismus in einem letztlich gemeinsamen Horizont der Voraussetzungen und der Fragestellung. Begriffe, philosophische Voraussetzungen und die eine lateinische Sprache waren fast allen gemeinsam. Heute ist das ganz anders. [. . .]
Der Theologe muß deshalb mit all diesen Wissenschaften in einen *unmittelbaren* Dialog eintreten. Die positiven Wissenschaften haben die vorreflexive Erfahrung, in der die Phänomenologen alles Heil für das Philosophieren suchten, bis zu einem gewissen Grad entmythologisiert und als eine vorwissenschaftliche, naive Erfahrung mit einem vorphilosophischen Menschen- und Weltverständnis entlarvt. Diese Welt der vorreflexiven Erfahrung besteht größtenteils auch aus Vorurteilen von Menschen, die nie mit irgendeiner Wissenschaft in Berührung gekommen sind (solche vorwissenschaftlichen Erfahrungen sind deshalb in ihrem eigenen Sprachspiel noch nicht falsch oder sinnlos für das alltägliche Lebensverständnis).
Daneben ist die geschichtliche Vergangenheit, die der Theologe genauso untersuchen muß, unübersehbar geworden. Die diffe-

renzierten Methoden, zum Beispiel die hermeneutischen Komplikationen, das sprachanalytische »Seziermesser« und die strukturalistische Linguistik stellen so hohe Forderungen, daß kein Theologe, auch nicht in Teamwork, diese Methoden alle tatsächlich meistern kann. Schließlich bittet die Theologie dann noch die Human- und Verhaltenswissenschaften um ihren entschiedenen Beitrag.

Dies alles hat zur Folge, daß ein Theologe oder im besten Fall eine zusammenarbeitende Gruppe von Theologen, nur einen beschränkten perspektivistischen und einseitigen Blick auf die Gesamtheit der Glaubenswirklichkeit hat, qualitativ wie quantitativ. Dabei kann kein Theologe sagen, das was ihm entgehe, sei theologisch nicht relevant oder gar weniger wichtig als das, was er selbst entdeckt. So entwickelt sich mehr denn je ein theologischer Pluralismus, und außerdem werden sich die Theologen bewußt, daß aufgrund all dieser vorgenannten Faktoren Pluralismus fortan schlechthin *unvermeidlich* und in diesem Sinn auch unüberwindlich ist. Oder zumindest muß man sagen, daß später folgende Versuche, plurale Auffassungen zu einer Synthese zu bringen, selbst wieder neuen Pluralismus entstehen lassen, bis ins Unendliche hinein.

[...] Niemand kann seine eigenen Voraussetzungen völlig durchreflektieren, geschweige denn die eines anderen. Alles scheint also schon darauf hinzuweisen, daß unter Christen eine rein theoretische Verifizierung von Orthodoxie oder Heterodoxie einfach unmöglich ist. Es kommt übrigens vor, daß Glaubensinterpretationen, die vom kirchlichen Lehramt früher einmal verurteilt worden waren, einige Zeit später rehabilitiert wurden, weil man nämlich allgemein zu der Einsicht gekommen war, daß der betreffende Autor seine These von anderen impliziten philosophischen (bisweilen auch rein linguistischen) Voraussetzungen aus aufgestellt hatte als von denen aus, die beim kirchlichen Lehramt eine Rolle gespielt hatten. Weil sich durch den Gegensatz die Positionen verhärten und faktisch nun einmal eine Pendelbewegung in der Geschichte besteht, ist die »Orthodoxie« des einen Jahrhunderts nicht selten die Vorgeschichte zur »Häresie« der nachfolgenden Epoche und umgekehrt.

Eine theologisch völlig befriedigende Antwort auf das Problem der orthodoxen Neuinterpretation kann deshalb nicht gegeben werden. [...] Der Pluralismus gehört zur Geschichtlichkeit der menschlichen Wirklichkeit und kann letztlich nicht überwunden werden; oder zumindest muß man sagen, daß dieser Pluralismus in Zukunft immer wieder von neuem überwunden werden muß, aber daß seine Überwindung ein Prozeß ist, der auf Erden kein Ende nimmt.

Aus: *Edward Schillebeeckx,* Glaubensinterpretation. Beiträge zu einer hermeneutischen und kritischen Theologie, Matthias-Grünewald-Verlag, Mainz 1971, 54f., 57f.

5 Was ist Theologie?

Bisher war hauptsächlich vom *Glauben* die Rede: in welcher Situation sich der Glaubende heute vorfinde; worin, genauer besehen, der Akt des Glaubens bestehe; wie er begründet werden könne; warum der Glaube sich notwendig wandle, ohne dabei seine Identität verlieren zu müssen; welche Probleme sich mit seiner »Überlieferung« und überhaupt mit dem Versuch, ihn anderen mitzuteilen, verbinden.
Im folgenden geht es dagegen um die *theologische Wissenschaft*. Wie hängen Theologie und Glaube zusammen? Wodurch unterscheidet sich Theologie vom schlichten Nachdenken? Was kann sie angesichts der aufgeworfenen Probleme leisten? In welchem Verhältnis steht sie zur Kirche? Wenn sie an Glaube und Kirche gebunden ist – wie kann sie dann Wissenschaft sein? Wodurch hebt sie sich von der Religionswissenschaft ab? Wie könnte man Theologie schließlich definieren?

5.1 Definitionsversuche

• Von den vielen Versuchen, Theologie zu definieren, wurden hier sechs ausgesucht. Diese werden alle, obwohl sie unterschiedliche Akzente setzen, von katholischen Theologen verwendet. Wenn wir uns mit ihnen beschäftigen, kann es sich also nicht darum handeln, wie bei manchen Quiz-Fragen die »richtigen« von den »falschen« zu unterscheiden. Für ein Gespräch über Wesen und Aufgaben der Theologie kann es aber anregend sein, wenn wir zunächst die Definitionen miteinander vergleichen und versuchen, uns eine davon zu eigen zu machen.
- Welche sachlichen Unterschiede sehen wir?
- Mit welcher Definition könnten wir uns am ehesten identifizieren?
- Welche überzeugt uns am wenigsten?
- Ergeben sich (innerhalb einer Definition oder im Vergleich mit einer anderen) Widersprüche?
- Welche Elemente stören uns sonst noch?

Dabei ist allerdings ein formaler Unterschied zu berücksichtigen: Kurzdefinitionen müssen natürlich »verkürzen«, das heißt praktisch: weglassen. (Dafür haben sie den Vorteil, sich leichter einzuprägen.) Von daher ist es angemessen, jeweils nur die Kurzdefinitionen oder die ausführlicheren Definitionen untereinander zu vergleichen.

Möglicherweise sind die Probleme, auf die wir bei der Beschäftigung mit diesen Texten stoßen, nicht nur Probleme der Definition, sondern der theologischen Arbeit selbst. Vielleicht finden wir einige davon in den folgenden Abschnitten angesprochen.

Gebräuchliche Kurzdefinitionen

28 Theologie ist Wissenschaft von Gott.

29 Theologie ist Glaubenswissenschaft.

30 Theologie ist wissenschaftliche Reflexion des Glaubens.

Ausführlichere Definitionen

31 Gewöhnlich versteht man [. . .] unter Theologie nicht jede Erkenntnis der göttlichen Lehre, namentlich nicht die einfache Erfassung derselben im Glauben, sondern eine durch Anwendung des menschlichen Logos, der Vernunft, entwickelte und vollendete, gründliche und organische, kurz, eine wissenschaftliche Erkenntnis der geoffenbarten Wahrheit.
Im Anschluß an diese Bedeutung heißt dann Theologie im technischen Sinne die wissenschaftliche Darstellung der ganzen von Gott geoffenbarten Lehre über Gott und göttliche Dinge, welche eine wissenschaftliche Erkenntnis dieser Lehre zum Ausdruck bringen und vermitteln soll.

Aus: *Matthias Josef Scheeben,* a.a.O. (vgl. *Text 10*), 1.

32 Theologie ist »Glaubenswissenschaft«, d. h. das reflektierende, methodisch geleitete Erhellen und Entfalten der im Glauben erfaßten und angenommenen Offenbarung Gottes.

Aus: *Karl Rahner,* Art. Theologie, in: Herders Theologisches Taschenlexikon, hrsg. von *Karl Rahner,* Bd. 7, Verlag Herder, Freiburg u. a. 1973, 236–247, hier 238.

33 Theologie ist – so widersprüchlich dies klingt – Wissenschaft aus und zum (christlichen!) Glauben: Sie versteht sich als methodisch begründetes Nach-Denken, kritisch verantwortetes An-Erkennen und schöpferiches Über-Setzen *der* Wahrheits- und Freiheitserfahrung, die besonders im AT und NT zur Sprache kommt, wesentlich mit dem Namen und Schicksal Jesu

von Nazaret verbunden bleibt, seitdem Geschichte macht und im *Tun* des Glaubens einleuchtet.

Aus: *Gotthard Fuchs,* Art. Theologie, in: *Adolf Exeler/Georg Scherer* (Hrsg.), Glaubensinformation (vgl. *Text 11*), 311–315, hier 312.

5.2 Theologie und Kirche

Eine Besonderheit der Theologie gegenüber anderen wissenschaftlichen Fächern an deutschen Hochschulen besteht darin, daß ihre Dozenten – ähnlich wie Religionslehrer an den Schulen – eine kirchenamtliche Lehrerlaubnis brauchen. Die praktischen Probleme, die sich daraus ergeben können, sind in den letzten Jahren verschiedentlich bekanntgeworden, wenn die Kirchenleitung einem Hochschullehrer die Lehrerlaubnis verweigerte oder entzog. Dahinter stehen aber grundsätzliche Fragen: Ist Theologie wesentlich an Kirche gebunden? Wenn ja, worin liegt diese Bindung begründet? Hat Theologie nicht auch eine kritische Funktion gegenüber der faktisch existierenden Kirche, gegenüber bestimmten Praktiken in ihr und auch gegenüber bestimmten in ihr gegebenen Glaubensvorstellungen? Inwiefern führt gerade auch die »Übersetzungsarbeit« des Theologen (vgl. *Kapitel 4.2*) zu Spannungen?

● Der Tübinger Theologe *Hans Küng* hat als offizieller Berater an der Arbeit des Zweiten Vatikanischen Konzils (1962–65) entscheidend mitgewirkt. Ein beherrschendes Stichwort des Konzils war »Erneuerung«. Praktisch bedeutete das auf vielen Gebieten Kritik des Vorhandenen und Veränderung. In dieser Situation erläuterte Küng die Rolle des Theologen gegenüber der Kirche. Daß er später selbst in Konflikt mit der römischen Glaubenskommission geriet, mag zeigen, daß auch die grundsätzliche Bejahung einer Bindung an die Kirche nicht ohne weiteres Schwierigkeiten im konkreten Fall ausschließt. In seinem Text finden sich

- drei klassische Argumente, die für die kirchliche Bindung des Theologen sprechen,
- aber auch theologische Gründe für die kirchenkritische Funktion der Theologie.

34 Die theologische Erneuerung heute – mit verschiedenen negativen und positiven Erfahrungen seit den beiden Weltkriegen im Rücken – ist zwar nicht klerikal, wohl aber ganz und gar *kirchlich* geprägt. Sie will Theologie *in* der Kirche sein. Die dabei führenden Theologen stehen nicht skeptisch oder resigniert am Rande der Kirche, sondern mit voller Überzeugung mitten

drin in der Kirche. Sie haben gar keine Lust, irgendwelche freischwebenden, nirgendwo beheimateten und so niemandem verpflichteten Denker, Historiker, Spekulanten zu sein. Was soll ihre theologische Existenz ohne die Kirche, *für* die sie nicht nur, sondern auch *in* der sie ihre Theologie treiben wollen! Sie sind sich bewußt, daß sie das, worüber sie nachdenken, nicht selbst gefunden, sondern empfangen haben. Daß ihnen Gottes Wort nicht unmittelbar – durch innere Erleuchtung (Schwärmer) oder durch ein vom Himmel gefallenes Buch (Biblizisten) – kundgetan wird. Daß es ihnen vielmehr bezeugt, überliefert, verkündet wird von der großen Gemeinschaft der Glaubenden, die zeugen von den Heilstaten Gottes im Alten Bund und dann, definitiv, in Jesus Christus. In dieser Gemeinschaft des glaubenden Gottesvolkes, Israels zuerst und dann der Kirche, ist das Wort Gottes durch den Heiligen Geist ursprünglich vernommen und angenommen, gehört und geglaubt worden. Dieses geisterfüllte Glaubenszeugnis hat die Kirche am Anfang als ursprüngliches und deshalb unvergleichliches Zeugnis in ihren Schriften niedergelegt, unüberholbar und maßgeblich für alle Zeiten. Dieses geisterfüllte Glaubenszeugnis trägt die Kirche seit ihrem Anfang in ihrer Verkündigung durch die Jahrhunderte.
So hat eine Theologie, die sich als christliche auf dieses Glaubenszeugnis berufen will, immer wieder aus der Kirche als der Gemeinschaft der Glaubenden herauszuwachsen, um ihr und gerade so der Welt zu dienen. Ohne die Gemeinschaft der Glaubenden verliert sie Raum und Ziel.
a) Durch die Kirche und den von ihr in einer langwierigen Prüfung festgestellten und abgegrenzten *Kanon,* den die Kirche aller späteren Jahrhunderte nicht zu ihrem Schaden immer wieder neu ratifizierte, weiß der einzelne Theologe, welche Schriften als ein gutes und ursprüngliches Zeugnis des Geistes gelten dürfen. Nicht ungestraft, die Geschichte lehrt es, verachtet ein Theologe diese Auswahl und Unterscheidung der Geister, die die Kirche aus ihrem Glauben heraus getroffen hat. – b) Durch die Kirche und ihre *Bekenntnisse* und ihre *Definitionen,* Abgrenzungen gegenüber der Häresie in den verschiedenen geschichtlichen Situationen, wird dem einzelnen Theologen geholfen, den schwierigen Weg zwischen Glauben und den verschiedenen Spielarten des Irrglaubens, Aberglaubens und Unglaubens zu finden. Nicht ungestraft, die Geschichte lehrt es, verachtet der

Theologe die Grenzpfähle und Gefahrenzeichen, die die Kirche früherer Zeiten in Sorge und Kampf um den einen und wahren Glauben zur Unterscheidung von guter und schlechter Interpretation der Botschaft oft in Zeiten größter Not und Gefahr gesetzt hat. – c) Durch die Kirche und die *Theologen ihrer Vorzeit* wird es dem einzelnen Theologen erspart, aus einer engen Perspektive in einem kurzen Leben unerfahren von Null anzufangen, wobei er unvermeidlich unnütze Umwege wiederholen und wichtige Ergebnisse übersehen müßte. Nicht ungestraft, die Geschichte lehrt es auch hier, verachtet der Theologe die positiven und negativen Erfahrungen seiner Väter und Brüder in der Theologie, jener Lehrer, die seine älteren und erfahreneren Mitschüler in der Schule der Heiligen Schrift sind. [. . .]

Aber gerade weil diese Theologen eine Theologie in der Kirche treiben wollen, weil sie so im Hören auf das Wort Gottes zugleich, wenn auch in untergeordneter Weise, auf die Kirche hören wollen, sind sie überzeugt, daß eine kirchlich gebundene Theologie nicht mit leichten und bequemen Mitteln, sondern in ernster exegetischer, historischer und systematischer Kritik und Prüfung getrieben werden muß: eine ernsthaft *kritische* Theologie. Nur so dient Theologie der Kirche wirklich. Es muß realistisch damit gerechnet werden, daß die heilige Kirche Gottes eine Gemeinschaft aus Menschen, d. h. eine Gemeinschaft aus sündigen und irrenden Menschen ist. Daß die Kirche zwar von Gottes Wort lebt, aber bei allem Hören und Gehorchen in allen ihren Gliedern immer auch wieder nicht hört und nicht gehorcht, daß es bei allem Glauben immer auch wieder Irrglauben, Aberglauben und Unglauben gibt, daß also auch in der Verkündigung, im Unterricht und in der Seelsorge nicht nur Weizen, sondern auch Unkraut wächst.

Hier hat die Theologie die dauernde große und schwierige Aufgabe zu sichten, zu prüfen, zu untersuchen, zu unterscheiden. Das Unterscheiden (κρίνειν), die Kritik der Theologie besteht darin, mit allen Mitteln der Forschung, die ihr als exegetischer, historischer, systematischer und praktischer Wissenschaft zur Verfügung stehen, der Kirche Reden von Gott an der ursprünglichen Botschaft in der Schrift, am Worte Gottes selbst zu messen, zu prüfen und zu korrigieren.

Aus: *Hans Küng,* Theologe und Kirche, Benziger Verlag, Einsiedeln u. a. 1964, 22–26.

• Was kirchliche Bindung und kirchenkritische Funktion der Theologie unter den heutigen Bedingungen praktisch bedeuten, welche Haltungen des einzelnen Theologen sie erfordern, das kann man im Anschluß an einen Text von *Joseph Ratzinger* bedenken. Der Text wurde vor Beginn des Konzils geschrieben. Auch Ratzinger war Konzilsberater. Später wurde er Kardinal-Erzbischof und Leiter der römischen Glaubenskommission. Von daher erhalten seine Situationsschilderung und seine Forderungen heute ein besonderes Gewicht. Er selbst schrieb allerdings bei einer Neuveröffentlichung seines Artikels 1969 als Fußnote zum vorletzten Absatz: »Diese Formulierung, am Vorabend des Konzils niedergeschrieben, trifft die gegenwärtige Situation nur noch zum Teil.«
– Wie weit trifft sich diese Einschätzung mit unserer Erfahrung?

35 Die Zeit, die »Hymnen an die Kirche« sang, scheint uns fast endlos weit zurückzuliegen, obgleich uns nur die Spanne einer Generation davon trennt. Von der Kirche anders als in der Weise der Kritik zu reden, gilt heute fast von vornherein als ein Zeichen von Obskurantismus und gefährlicher Reaktion. Dieser Zustand ist freilich nur die Kehrseite einer auf seiten des kirchlichen Amtes noch immer weitverbreiteten Unverständigkeit, der es schwerzufallen scheint, das Wesentliche vom Unwesentlichen zu scheiden, so daß alles, was je von kirchlicher Autorität geäußert oder verordnet wurde, unter den gleichen Schutz der Unantastbarkeit gestellt wird. Wo alles gleich wichtig ist, ist nichts mehr wichtig – das scheint allmählich unsere Lage zu werden, in der zwei Einseitigkeiten sich gegenseitig zerstören. Wer in dieser Situation versucht, behutsam vorzugehen, sowohl das Recht als auch die Grenze der Kritik als einer Haltung zu erfragen sich müht, die ein Teil sein soll, aber nicht das Ganze sein kann, der setzt sich zwischen die Stühle und wird womöglich von allen Seiten mit Mißtrauen und Mißbehagen betrachtet. Dennoch muß dieser Versuch unternommen werden. [. . .]
Die Kirche braucht den Geist der Freiheit und der Freimütigkeit mitten in ihrer Bindung an das Wort: »Löschet den Geist nicht aus« (1 Thess 5,19) – das gilt zu allen Zeiten. Wer müßte hier nicht an den Bericht des heiligen Paulus über seinen Zusammenstoß mit Petrus denken: »Als aber Kephas nach Antiochien kam, widerstand ich ihm ins Angesicht, weil er zu tadeln war. . . Da ich aber sah, daß sie nicht den rechten Weg nach der Wahrheit des Evangeliums gingen, sprach ich zu Kephas in Gegenwart aller:

Wenn du, obwohl du ein Jude bist, nach der Art der Heiden und nicht der Juden lebst, wie magst du die Heiden zwingen, nach jüdischer Art zu leben?« (Gal 2,11–14). Wenn es die Schwäche Petri gewesen war, die Freiheit des Evangeliums aus Furcht vor den Jakobusleuten zu verleugnen, so war es seine Größe, daß er die Freiheit des heiligen Paulus hinnahm, der ihm »ins Angesicht widerstand«. Die Kirche lebt heute noch von dieser Freiheit, die ihr den Weg in die Heidenwelt erstritten hat.

Wo aber könnte Gleiches heute geschehen? Man wird gegenwärtig der Kirche nicht mehr wie Wilhelm von Auvergne der Kirche seiner Zeit vorhalten können, daß sie solche Verwilderung und Ungeheuerlichkeit zeige, »daß jeder, der es sieht, vor Schrecken erstarrt«. Auch kaum, »daß heute der Kirchenwagen nicht mehr nach vorn, sondern nach hinten« läuft, »da die Pferde rückwärts laufen und ihn nach hinten ziehen«. Aber muß man ihr nicht vorwerfen, daß sie in einem Zuviel an Sorge mitunter zuviel verlautbart, zuviel normiert, daß so manche Normen wohl eher dazu beigetragen haben, das Jahrhundert dem Unglauben zu überlassen, als es davor zu retten, daß sie mit anderen Worten mitunter zuwenig Vertrauen in die sieghafte Kraft der Wahrheit setzt, die im Glauben lebt; daß sie sich hinter äußeren Sicherheiten verschanzt, anstatt der Wahrheit zu vertrauen, die in der Freiheit lebt und solche Behütungen gar nicht nötig hat?

Vielleicht sollten wir uns heute wieder mehr daran erinnern, daß der Freimut eine der im Neuen Testament am meisten genannten Grundhaltungen des Christenmenschen ist. Der Freimut war es, der den Petrus vor die Juden hintreten und predigen ließ (Apg 2,29; 4,13.29.31); er steht so am Ursprung der Kirche überhaupt. Was müßte es für den Weg der Kirche in der Welt bedeuten, wenn in dem Jahrhundert, das nach Freiheit dürstet, das um des Scheins der Freiheit willen von der Kirche ausgezogen ist, das Wort in ihr wieder zu voller Lebendigkeit, ja Sichtbarkeit reifen würde, in das einst der heilige Paulus die kostbare Erfahrung seines Glaubens gegossen hat: »Wo aber der Geist des Herrn ist, da ist Freiheit« (2 Kor 3,17).

Aus: *Joseph Ratzinger,* Freimut und Gehorsam. Das Verhältnis des Christen zu seiner Kirche. Zuerst veröffentlicht in: Wort und Wahrheit 17 (1962), hier zitiert aus: *Ders.,* Das neue Volk Gottes, Patmos Verlag Düsseldorf 1969, 249–266, hier 249 und 265f.

• *Max Seckler* (vgl. *Text 6*) weist auf ein etwas anderes Problem hin: Wieweit dient Theologie dem Glauben? Könnte sie ihm nicht auch schaden? Diese Frage wird sich mancher Theologiestudent heute ähnlich stellen. Wird mit dem Studium nicht alles nur noch komplizierter? Wachsen nicht oft in der theologischen Arbeit die Zweifel, statt abzunehmen? Seckler hält Schwierigkeiten auf diesem Gebiet für unvermeidbar. Aber er nennt auch theologische Gründe dafür, daß Theologie solchen Problemen nicht ausweichen darf.

36 Der Glaube ist seiner Natur nach eine einfache Grundhaltung. Jesus vergleicht die Glaubenden mit Kindern. Die Theologie aber ist kompliziert. Sie macht alles oder fast alles zum Problem. Die Theologen erscheinen wie Leute, die den Glauben intellektuell zersetzen und ihm seine Kraft, seine Unbefangenheit und seine Einfachheit nehmen. Dazu kommt ein weiteres. Wenn in den vergangenen Jahren das alte Gebäude der Glaubenslehre zutiefst erschüttert wurde; wenn die Geborgenheit, die es in seiner strengen Zuverlässigkeit gewährte, wie weggeblasen ist, dann scheint daran gerade die Theologie ein gerüttelt Maß an Schuld zu haben. Hat sie nicht den Geist des Zweifels in das Heiligtum hineingetragen? Hat nicht sie die Dinge kompliziert gemacht? Hat nicht sie die Kluft zwischen Praxis und Theorie aufgerissen?
Man kann diesen Vorwürfen kaum widersprechen. Sie sind berechtigt. Man kann nur zu begreifen suchen, warum das so kam, und wird dann verstehen, daß es nicht anders sein kann. Wenn nämlich die Theologie nicht nur eine Aufgabe nach innen hat, im Innenraum des Glaubens und der Kirche, sondern auch nach außen zur Welt hin, und das heißt: zu Andersdenkenden, Andersgläubigen, Fragenden, Zweifelnden, Glaubenslosen hin, dann muß sie sich auf die Wirklichkeit dieser Welt einlassen. Diese Wirklichkeit ist weder einfach noch harmlos. Sie tut oder tat sehr viel, um den christlichen Glauben in Frage zu stellen, ihn als Illusion oder Betrug oder Täuschung oder sonst was zu überführen.
Wenn der Glaube sich selbst missionarisch gesehen nicht aufgeben will, dann muß er den Dialog mit dem Unglauben und mit der ungläubigen Vernunft und ihren Argumenten suchen und führen. Dieser Dialog ist eine Auseinandersetzung um Leben und Tod auf intellektuellem Gebiet. Er fordert seinen Tribut und hat seine

Gesetze. Er reißt die daran Beteiligten in immer kompliziertere Zusammenhänge hinein. Das hat zur Folge, daß der Zusammenhang zwischen dem einfachen Glauben und der Kompliziertheit der Theologie oft kaum mehr zu erkennen ist. Die Theologie entfremdet sich. Es hat ferner zur Folge, daß die theologische Bewegung ständig weitergeht und eine befremdliche Offenheit und Ausgesetztheit annimmt.
Es gibt nur drei Möglichkeiten. Entweder man unterdrückt die Welt des Unglaubens – das war der Weg der Inquisition, ein Irrweg, den wir nicht mehr beschreiten wollen und können. Oder man ignoriert diese Welt und nimmt sie nicht zur Kenntnis. Das wäre der Weg ins Getto. Die Theologie wäre dann nur noch mit der Innenarchitektur beschäftigt. Der Glaube würde an Inzucht und Auszehrung dahinsiechen. Oder aber der Glaube stellt sich der Welt des Unglaubens auch auf dem Gebiet der geistigen Auseinandersetzung und schafft sich in Gestalt der Theologie ein geeignetes Instrument dafür. Das ist die dritte und letztlich einzige Möglichkeit. Sie kostet ihren Preis, hat aber ihren Lohn. So steht die Theologie, gerade wenn sie ihren Auftrag erfüllen will, gleichsam zwischen den Fronten, innen wie außen. Das macht sie zum Unruhestifter und zum Spannungsherd, aber biblisch ausgedrückt könnte man vielleicht sagen, daß dies eine Weise ist, Sauerteig und Salz zu sein.

Aus: *Max Seckler,* Die Not der Kirche mit ihren Theologen, in: Anzeiger für die katholische Geistlichkeit 89 (1980) 480–484, hier 484.

5.3 Theologie und Relgionswissenschaft

Theologie ist nicht dasselbe wie Religionswissenschaft. Zwar werden die beiden Begriffe manchmal sprachlich miteinander vermengt. Im präzisen Sprachgebrauch meinen sie aber zwei verschiedene Weisen, sich mit Glaube und Religion zu beschäftigen. Der Religionswissenschaft geht es mehr um die Beschreibung religiöser Phänomene (daher spricht man auch von »Religionsphänomenologie«), um die Darstellung ihrer Geschichte, oft auch um den Vergleich verschiedener Religionen miteinander. Der Religionswissenschaftler tritt mehr von außen an die zu untersuchende Religion heran. In der Theologie dagegen geht es um die Interpretation des eigenen Glaubens, bzw. des Glaubens der Kirche, in welcher der Theologe steht. Notwendig geht also in die Theologie die Glaubenserfahrung des Theologen mit ein. Theologie setzt Glauben voraus. Der Religionswissenschaftler bleibt gegenüber der Frage, ob die von ihm behandelten Religionen wahr sind, neutral. Dem Theologen geht es um die Wahrheit der Glaubensaussagen. Anders gesagt: Theologie zielt nicht nur darauf zu erheben, was Menschen glauben, sondern es geht ihr um die Wirklichkeit, auf die sich der Glaube richtet (letztlich also um Gott).

• Zur Illustration des Unterschiedes können die folgenden zwei Texte dienen. Sie behandeln annähernd dasselbe Thema: Hoffnung über den Tod hinaus. *Gisbert Greshake* spricht als Theologe, *Gerardus van der Leeuw* als Religionswissenschaftler. Man könnte die beiden Texte etwa anhand folgender Leitfragen vergleichen:
- Woran sind die Verfasser interessiert: am Schicksal des Menschen nach dem Tod – an den Anschauungen über dieses Schicksal – an beidem?
- Wieweit nehmen die Verfasser zu den von ihnen dargelegten Anschauungen Stellung?
- Wie begründen sie ihre Aussagen?
- Von welchem Interesse zeugen insbesondere die Fragen, die Greshake am Schluß seines Textabschnittes stellt?

37 Aus diesen Überlegungen folgt, daß wir manche naiven Vorstellungen früherer Zeit nicht ferner mitzuschleppen haben. Wir brauchen nicht mehr zu sagen: Im Tod trennt sich die Seele vom Leib und geht zu Gott hinüber, am Ende der Geschichte kommt dann der Leib gleichsam nach. Sondern mit sehr vielen, wenn nicht den meisten Theologen heute können wir sagen: Der Christ hofft, daß *im Tod* Auferstehung geschieht. Auferstehung nicht in dem Sinn, daß der sichtbare Leib verwandelt wird; er wird ja als toter Leichnam in die Erde gesenkt. Auferstehung des Leibes heißt nicht Auferstehung des Körpers oder des Leichnams, Auferstehung bedeutet vielmehr, daß im Tod der ganze Mensch mit seiner konkreten Welt und Geschichte von Gott neue Zukunft erhält. Diese Zukunft können wir uns nicht vorstellen, da wir nur die Bedingungen dieser Welt kennen, die endlich ist, die scheitert, die ins Nichts gehalten ist. Wir wissen nicht, wie eine Zukunft über den Tod hinaus aussieht, aber wir brauchen es auch nicht zu wissen. Vor allem aber ist es nicht notwendig, Vorstellungen eines vergangenen Weltbildes für verbindlich zu halten, die für die meisten heute sowieso unvollziehbar sind.
Die Auffassung, daß im Tod Auferstehung geschieht, wird nicht

nur von den meisten Theologen heute vertreten, sie ist auch schon eingegangen in »offiziöse« kirchliche Texte. So heißt es im Holländischen Katechismus ausdrücklich: »Im Tod geschieht bereits Auferstehung.« Das gleiche sagt auch das *Neue Glaubensbuch*. Ebenso hat diese Auffassung schon ihren Niederschlag gefunden in den neuen liturgischen Texten zur Totenliturgie, in der auffälligerweise das Wort Seele vermieden wird. Es ist wohl nicht von ungefähr, daß man nicht mehr von Seelenruhe, Seelenamt, Allerseelen usw. spricht, sondern daß die Kirche für den gläubigen Menschen betet, der nun als ganzer zu Gott heimgekehrt ist.
Wird in diesem Verstehensmodell Auferstehung aber nicht zu einem bloß individuellen Geschehen, das sich je und je nur am einzelnen Menschen vollzieht? Was ist mit der universalen Dimension der Auferstehung, wie sie in den Bildern der Schrift zum Ausdruck gebracht zu sein scheint?

Aus: *Gisbert Greshake,* Stärker als der Tod, Matthias-Grünewald-Verlag, Mainz 1976, 70f.

38 Bei den meisten primitiven und antiken Völkern ist das Leben zunächst ein Kreislauf, der vom Tode, wenn nur die richtigen Riten stattfinden, nicht unterbrochen wird [. . .] »Ich lebe, nachdem ich gestorben bin, so wie Re«, der Sonnengott, wenn nur die erforderlichen Begehungen vorgenommen worden sind. Unter diesen Begehungen ist die *Bestattung,* wie wir gesehen haben, die wichtigste. Dazu kommt die *Beweinung,* die in der ganzen primitiven Welt einen rituellen Charakter trägt. Man jammert nicht bloß, um seiner Trauer Luft zu machen, sondern vor allem, weil man dadurch das Leben des Toten über den kritischen Punkt hinwegbringt. »Ich bin«, sagt ein ägyptischer Text, »mit den Weinenden über Osiris, die ihn über seine Feinde siegen machen.« Dieser Sieg über den Tod wird dann natürlich sehr verschieden beschrieben, je nach der herrschenden Seelenvorstellung. Der einfachste Gedanke ist derjenige der Auferstehung im buchstäblichen Sinne. »Erhebe dich«, heißt es zum ägyptischen Toten, »du hast die Erde von deinem Fleisch abgeschüttelt«.
Verwickelter ist schon die Vorstellung, derzufolge man dem Toten einen *Paß* mitgibt, der seinen Eintritt in das Jenseits verbürgt. Die Sprüche, die man dem Verstorbenen ins Grab legt,

und deren merkwüdigste Sammlung das sog. ägyptische *Totenbuch* bildet, dienen diesem Zweck. Sie sind ihm ein Wegweiser (ähnlich wie die Goldtäfelchen der Orphiker), aber nicht im rationalen Sinne, nicht nur eine Art himmlischer Baedeker (wiewohl natürlich auch das!), sondern vor allem ein Schlüssel der Jenseitspforte. In Iran flüsterte man dem Sterbenden heilige Formeln ins Ohr, goß ihm aber zugleich etwas vom heiligen Göttertrank *(Haoma)* in den Mund. Himmelspaß und *Viaticum* [Wegzehrung] gehören zusammen. [. . .]
In wieder anderer Weise verbürgt das Los des Toten der *Opferkult*. Das Wort ist allerdings etwas großartig. Es genügt, daß das Leben des Toten im Grabe oder wo er erscheint, von seinen Angehörigen oder deren Vertretern ernährt wird. Der »Sohn, der ihn liebt« ist im alten Ägypten derjenige, der das Leben des Vaters durch Totenopfer unterhält. Der Ausdruck wurde dann, als diese heilige Sohnespflicht immer mehr der berufsmäßigen Priesterschaft überlassen wurde, zum ständigen Namen des Totenpriesters. »Dein Erbe ist auf deinem Thron, er baut dir Getreide«, wird dem verstorbenen König beruhigend zugerufen. In denselben Zusammenhang gehören Totenmesse und *oratio pro defunctis* [Gebet für die Toten]. Hier wird nicht länger die bloße Existenz, sondern das Heil des Toten (beide Vorstellungen lassen sich schwer ganz trennen!) durch Opfer und Gebet gesichert. In einen ganz andern Zusammenhang »verschoben« ist dieser Brauch, wenn das Gebet für die Toten das dauernde Band der Angehörigen vor Gott, gleichsam das nur Zusammenerscheinen-Wollen ausdrückt. Dann kann sogar der Gedanke aufkommen, daß auch die Toten die Lebendigen nicht loslassen, daß ihre Seligkeit durch das Außenbleiben der Lebendigen getrübt wird, so daß sie Fürbitte für diese einlegen.

Aus: *Gerardus van der Leeuw,* Phänomenologie der Religion, Verlag J. C. B. Mohr (Paul Siebeck), Tübingen ^{4}1977. 367f.

5.4 Theologie als Wissenschaft

Wenn Theologie, im Unterschied etwa zur Religionswissenschaft, Glauben und sogar die Bindung an eine Glaubensgemeinschaft voraussetzt, kann sie dann überhaupt Wissenschaft sein? Soll, was im Glauben erfaßt, im Vertrauen angenommen wird, gleichzeitig wissenschaftlich begründet, rational bewiesen werden? Schließen sich Glauben und Wissenschaft nicht gegenseitig aus?

• Der aus der evangelischen Kirche ausgetretene Dr. theol. *Joachim Kahl* bestreitet in seinem »Plädoyer für eine Humanität ohne Gott« (Untertitel seines Buches) den Wissenschaftscharakter jeder Theologie. Der katholische Systematiker *Wolfgang Beinert* versucht, in sieben Schritten aufzuzeigen, unter welchen Voraussetzungen, auf welche Weise und in welchen Grenzen Theologie ihre Aussagen wissenschaftlich »verifiziert« (als wahr erweist). Der gedrängte Text (Beinert benennt darin gleichzeitig zentrale Inhalte christlicher Theologie) wird nicht ganz mühelos zu studieren sein. Zum Verständnis hilfreich könnte die Gegenüberstellung folgender Begriffspaare sein:
– vertrauen – begreifen
– historisch – metahistorisch
– rational zulässig – für das Glaubensleben fruchtbar
– definitorisch – aufschließend.
Weiter wichtige Stichworte sind:
– Vorverständnis
– hermeneutischer Zirkel
– Hypothese
– Analogie.

39 Obwohl manche Theologieprofessoren freimütig gestehen, daß »Sätze über Gott und göttliche Wirklichkeit nicht als wissenschaftliche Aussage gelten« können, beanspruchen doch die meisten akademischen Gottesgelehrten für ihre Arbeit stolz das Gütesiegel der Wissenschaftlichkeit. Zwar wird meist sofort hinzugefügt, Theologie sei eine »kirchliche Wissenschaft«: die Theologieprofessoren in Deutschland werden vom Kultusminister nur im Einvernehmen mit den zuständigen Kirchenleitungen bestallt. Aber die kirchliche Bindung der Professoren gilt nicht als Verstoß gegen die Lehrfreiheit, sondern wird im Gegenteil angepriesen als die der Theologie eigene Gegenstandsgemäßheit.
Auch auf die Gefahr hin, theologischerseits »naiver Wissenschaftsgläubigkeit« geziehen zu werden, stelle ich hier fest: Das einzig sachgemäße Kriterium für geistige Gebilde mit dem Anspruch auf Wissenschaftlichkeit, die zudem ihr Dasein an einer Universität behaupten, ist die Methode pankritischer Rationalität.

Pankritische Rationalität ist herrschaftsfreies Denken, das prinzipiell jedes Ergebnis, jede Voraussetzung der Kritik offenhält und sich an keinem Punkt dogmatisch einigelt. Insofern sich die Kritik auch gegen die Methode der pankritischen Rationalität selbst kehren kann, wird diese nicht verabsolutiert und gilt dennoch unbegrenzt, da gerade in der Kritisierbarkeit ihr Prinzip triumphiert. Während die Theologie den Zweifel nur als Anfechtung, als etwas zu Überwindendes und im Glauben tatsächlich Überwundenes kennt, zählt der Zweifel an der Richtigkeit der eigenen Voraussetzungen und Behauptungen zu den wesentlichen Elementen wissenschaftlicher Rationalität. Vor diesem Maßstab versagen natürlich auch einige andere heute an der Universität betriebene Disziplinen. Aber nicht notwendig, so daß zwischen der wesenhaften Unwissenschaftlichkeit der Theologie und der »zufälligen« Unwissenschaftlichkeit anderer Disziplinen unterschieden werden muß. Während Theologie wesensmäßig dogmatisch ist, ist Dogmatismus in anderen Sparten stets ein Zeichen von Verfall, der in der Unfähigkeit einzelner Vertreter oder in einem gesellschaftlich bedingten ideologischen Klima wurzelt.

Auszug aus: *Joachim Kahl,* Das Elend des Christentums, © 1968 by Rowohlt Taschenbuchverlag GmbH, Reinbek b. Hamburg (= rororo aktuell 1093), 96.

40 Wenn theologische Sätze Aussagen über Gott zu machen behaupten, müssen sie kontrollierbar sein. Das Verifikationsproblem stellt sich auch für sie, und man kann sich ihm nicht entziehen. [. . .]

1. Der Fundamentalsatz jeder Theologie lautet: Gott existiert als umgreifender Grund aller Wirklichkeit. Er kann nur verifiziert werden, wenn man sich vertrauend auf ihn einläßt. Dieses Vertrauen ist nicht blind, sondern beruht auf der rationalen Erkenntnis, daß anders Gott nicht Gott bliebe. Einen begriffenen Gott kann es nicht geben.

2. Der Grund-Satz christlicher Theologie heißt: Jesus von Nazaret ist die Erscheinung Gottes im Wort und als solches Träger der göttlichen Offenbarung. Ein Teil dieses Axioms ist historisch (»Es gab einen Mann namens Jesus von Nazaret«). Er ist mit den Mitteln verifizierbar, die der historischen Wissenschaft zur Verfügung stehen: literarische, archäologische Quellen usw. Der andere Teil ist eine metahistorische Behauptung (»Jesus ist die

Erscheinung Gottes im Wort...«). Sie weist auf eine göttliche Realität, die nur wieder auf die unter 1. genannte Weise kontrolliert werden kann. Der Unterschied zu dem Satz unter 1. liegt jedoch in der Koppelung des historischen mit dem metahistorischen Element (»Jesus *ist* die Erscheinung Gottes im Wort«). Jenes bietet daher eine Erfahrungsbasis für dieses. Wenn Jesus tatsächlich die Erscheinung Gottes im Wort ist, dann müssen sich in seinem Leben Spuren dafür finden lassen. Der historische Jesus ist also das Realzeichen für seinen metahistorischen Anspruch.

Die christliche Überlieferung hat diese Zusammenhänge veranschaulicht durch die Zufügung der »Amtsbezeichnung« *Christus* (d. h. hebr. Messias, dt. Gesalbter) zum Eigennamen *Jesus*. Beide sind zu einer Einheit verschmolzen, so daß sie heute meistens als ein einziger Name empfunden werden. Deswegen haben wir auch bereits von »Jesus Christus« geprochen, ohne den Zusatz eigens eingeführt zu haben. – Die Bedeutung, aber auch die Relativität der historischen Aussage im Verhältnis zur metahistorischen Komponente läßt sich gut illustrieren an der Kreuzigung Jesu. Sie ist ein historisches Faktum, das protokollierbar war. Doch konnte der Protokollant nicht mehr erblicken als bei anderen Kreuzigungen auch: die Hinrichtung eines Menschen auf eine ausgesucht grausame Weise. Nicht zu sehen und darum auch nicht zu protokollieren ist der Umstand, daß der Mann, der auf Golgota starb, Gottes Sohn ist, der in seinem Sterben die Welt erlöst. Die Jünger freilich ahnten aufgrund ihres Umgangs mit ihrem Meister, daß sich etwas Ungewöhnliches vollzog, wenngleich die Karfreitagserfahrung erst an Ostern ihre ganze Deutung erfahren sollte. Der physische Tod Jesu wird nun zum Zeichen für seine Verbindung mit Gott. Zeichen ist hier nicht bloß ein Hinweis (wie ein Wegweiser auf eine ferne Stadt weist, aber mit dieser selbst nichts zu tun hat), sondern bewirkt im Moment seiner Setzung die Wirklichkeit, die es bezeichnet: *indem* Jesus den Tod erleidet, wird die Welt zum Leben gebracht.

3. Die Einführung des Elementes des Vertrauens in den Verifikationsprozeß ist letztlich zulässig, weil damit nur eine Erkenntnis angewendet wird, die nicht geleugnet werden kann: Wissenschaft kommt ohne Vorverständnis nicht zustande. Wenn der Glaube die einzige Möglichkeit der Annäherung an Gott ist, dann ist Glaube zu vollziehen, wenn Glaube verstanden werden und wenn er verifizierbar sein soll. Der Zirkel, der hier angedeutet wird, ist kein anderer als der hermeneutische Zirkel. Er ist bekanntlich zugelassen.

4. Wegen des Gemeinschaftscharakters des Glaubens wird nicht jede Aussage als Glaubensaussage zugelassen, sondern nur jene, die sich vor der Glaubensgemeinschaft bewährt. Diese wird damit zur Kontrollinstanz. Das ist nicht unberechtigt, da auch in anderen Wissenschaften eine Gemeinschaft als Verifikationsprinzip zugelassen ist, so in den Rechtswissenschaften. Für Gesetzgebung und Rechtsprechung ist das Rechtsbewußtsein der Rechtsgemeinschaft erheblich.

Da die Glaubensgemeinschaft primär nicht soziologisch, sondern durch die Erfahrung des Christusereignisses und seiner Bezeugung begründet ist, treten auch die Entscheidungen der Vergangenheit in den Verifizierungsvorgang ein wie die Kanonentscheidung (Festlegung des Verzeichnisses der biblischen Bücher) oder Dogmen.
Beim Verifikationsvorgang ist nicht nur die rationale Zulässigkeit eines theologischen Satzes wichtig, sondern auch dessen Fruchtbarkeit für das Glaubensleben der Kirche. Er muß sich *heute* bewähren können. Damit soll kein Relativitätsprinzip vertreten werden, als ob wahr nur sei, was nützlich ist. Weil jedoch auch bei theologischen Sätzen ein Erfahrungsansatz da sein muß, ist zu fordern, daß sie *heute* nicht als ideologisch oder legendär erscheinen. Wo wir solchen Sätzen begegnen, ist jedoch zu fragen, ob unter einem anderen Horizont nicht eben jenes Ideologische oder Legendäre in dem Sinne Mythos war, den wir als legitim zulassen mußten. Hier beginnt die kritische Aufgabe der Theologie. In einem dreistöckigen Weltbild ist der Himmel nur oben, die Hölle nur unten, von der Erde aus gesehen, zu denken. Wenn wir das Weltbild ablehnen, dann ist zwar sicher nicht mehr erlaubt zu sagen, der Himmel sei oben und die Hölle unten, aber damit ist noch nicht entschieden, ob es Himmel und Hölle gibt und wie sie *heute* zu verstehen seien.

5. Alle theologischen Sätze müssen auf das christliche Fundamentalaxiom beziehbar sein. Dadurch werden sie in ein logisches Bezugsganzes eingebaut, innerhalb dessen sie mit den Mitteln der Logik verifiziert werden können. »Daraus ergibt sich die wissenschaftstheoretische Forderung, daß auch der Theologe, wenn er einen Satz formuliert, dessen logische Implikationen übernehmen muß und sie zum Zwecke der Nachprüfbarkeit in allen für das jeweilige Thema relevanten Hinsichten ausdrücklich machen sollte. Außerdem muß er sich der logischen Vereinbarkeit seiner Sätze vergewissern, und indem er die logischen Beziehungen zwischen ihnen ausdrücklich entwickelt, erleichtert er die Kontrolle seiner Argumentation.«

Nach dieser Forderung arbeitete im Mittelalter die sogenannte Konklusionstheologie. Wir haben oben [. . .] ein Beispiel dafür angeführt: Wenn Jesus Christus ein wahrer Mensch ist und zum Menschen eine menschliche Seele gehört, dann muß auch er eine solche besitzen. Der (von den *Apollinaristen* vertretene) Satz: »Jesus kann als Gott keine menschliche Seele haben, also auch nicht als Mensch« ist damit logisch widersprüchlich.

6. Theologische Sätze, die zu ihrer Begründung die Ergebnisse anderer Wissenschaften heranziehen oder mit ihren Ergebnissen diese berühren, sind mit deren Verifikationsprinzipien zu kontrollieren. Bei Konflikten sind von allen beteiligten Disziplinen Untersuchungen darüber anzustellen, wieweit die dazu führenden Aussagen wahr sind. Diese sind gegebenenfalls zu korrigieren. Das gilt natürlich auch für die Theologie.

Die Nichtbeachtung dieser Regel führte zum tragischen »Fall Galilei«. Theologische Aussagen über den Weltbeginn wurden von der Theologie als naturwissenschaftliche Behauptungen mißverstanden. Im Positivismus und Empirismus erfolgte umgekehrt eine Grenzüberschreitung der Naturwissenschaften in den Bereich von Philosophie und Theologie. Von theologischer Warte aus ist zu bemerken, daß alle auftretenden Konflikte grundsätzlich als Scheinkonflikte zu klassifizieren sind. Ist alle Wirklichkeit eine Einheit wegen des einen Wirklichkeitsgrundes, dann kann sie selber keine echten Widersprüche aufweisen. Wo solche erscheinen, signalisieren sie lediglich die Unvollkommenheit der Wirklichkeitserkenntnis.

7. Wie alle wissenschaftlichen Aussagen sind auch die der Theologie grundsätzlich Hypothesen. Weil die erfahrbare Wirklichkeit unabgeschlossen und unabschließbar ist, sind alle Aussagen über sie für eine je tiefere Erschließung offen. In besonderem Maß gilt das für die Glaubenswissenschaft. Da sie die grundlegend im Geheimnis verborgene Wirklichkeit Gottes thematisiert, muß sie alle ihre Sätze unter den Vorbehalt der übergreifenden Realität dieses Mysteriums stellen. Gott ist immer mehr, als man von ihm sagen kann – das wird bereits durch die Sprache der Analogie zum Ausdruck gebracht. Das schließt aber ein, daß man zwar nie alles, aber doch je mehr von ihm auszusagen imstande ist. Theologische Aussagen haben daher nicht so sehr definitorischen als aufschließenden Charakter.

Aus: *Wolfgang Beinert,* Wenn Gott zu Wort kommt. Einführung in die Theologie, Verlag Herder, Freiburg u. a. 1978, 122–125.

Über den Vergleich der beiden Texte und die Diskussion der in ihnen aufgeworfenen Fragen hinaus ist auch noch eine Unterscheidung von Bedeutung, die im vulgären Wissenschaftsverständnis oft übersprungen wird: die *Unterscheidung zwischen naturwissenschaftlicher und geisteswissenschaftlicher Methode*. Die klassische Naturwissenschaft galt als weitgehend objektiv, vom erkennenden Subjekt unabhängig. An ihr richtete sich in der Vergangenheit oft das Ideal von Wissenschaft schlechthin aus. Demnach wäre ein Fach in dem Maße wissenschaftlich, wie es die Methoden der klassichen Naturwissenschaft anwendete. Im Gegensatz dazu geht nach dem Selbstverständnis der Geisteswissenschaft notwendig das erkennende Subjekt in die Erkenntnis mit ein. Selbstverständlich steht auch die Theologie unter dieser Bedingung, aber nicht sie allein: sie teilt sie offensichtlich mit allen Geisteswissenschaften. (Überdies rechnet auch die heutige – im Gegensatz zur klassischen – Naturwissenschaft damit, daß sich Subjekt und Objekt nicht sauber voneinander scheiden lassen.)
Diese Unterschiedung löst freilich nicht alle Probleme, die sich mit dem Anspruch der Theologie, Wissenschaft zu sein, verbinden. Aber sie gibt den Blick dafür frei, daß Wissenschaften mit unterschiedlicher Aufgabenstellung legitimerweise unterschiedliche Erkenntnismethoden brauchen. Der vorangehende Text von *W. Beinert* verweist darauf, welche spezifischen Methoden vom »Gegenstand« der Theologie her gefordert sind (vgl. bes. die Abschnitte 1 und 3), aber auch, welche Grenzen sich von diesem »Gegenstand« her ergeben (vgl. bes. Abschnitt 7).

6 Methoden systematischer Theologie

Mit der zunehmenden Spezialisierung der Wissenschaften hat sich die Theologie in etwa ein Dutzend Einzelfächer (»theologische Disziplinen«) ausgefaltet. In neueren, konzentrierten Studiengängen (namentlich zur Lehrerausbildung) versucht man, mit der Auffächerung in vier Studienfelder auszukommen:
– Bibelwissenschaft (Exegese)
– Kirchengeschichtswissenschaft
– Systematische Theologie
– Religionspädagogik.
»Systematik« (vom griechischen *»synhístēmi«* = »zusammenstellen«, *»sýstēma«* = »Zusammenhang«) meint hier nicht gewaltsame Einpassung in ein vorgefertigtes Gedankengebäude (»System«), sondern Suche nach Zusammenhängen, nach Vereinbarkeit und Entsprechung, Versuch einer »Vernetzung« von Aussagen, einer inhaltichen Integration der Theologie.
Aufgabe Systematischer Theologie ist es also, Beziehungen herzustellen
– zwischen verschiedenen Einzelaussagen innerhalb der Theologie,
– zwischen heutigen Glaubensaussagen einerseits und den Aussagen von Schrift und Tradition andererseits (dafür ist der Systematiker auf die Arbeit der Exegeten und Historiker angewiesen),
– zwischen heutigen Erfahrungen und Fragen einerseits und der Glaubensüberlieferung andererseits (dazu braucht er das Gespräch mit der Religionspädagogik, aber auch mit den nicht-theologischen Wissenschaften).
Dem sollen die Arbeitsmethoden dienen, welche in diesem Kapitel zur Sprache kommen.

6.1 Begriffe

Wenn man sich in einer Wissenschaft zurechtfinden will, ist es besonders wichtig, daß man über brauchbare Begriffe verfügt. Begriffe sind entscheidene Orientierungsmarken. Allerdings haben auch in wissenschaftlichen Texten nicht alle Begriffe einen gleich hohen Grad an Genauigkeit: *Wissenschaftliche Termini* (auch »Fachtermini«, *»termini technici«*/lat., Einzahl: *»terminus technicus«*) sind Ausdrücke, über deren Bedeutung eine eindeutige Vereinbarung getroffen worden ist (z. B.: »Konzil«, »Substanz«, »hypostatische Union«). Daneben werden, gerade auch in der Theologie, viele Begriffe verwendet, die *inhaltlich nicht so genau festgelegt* sind. Das muß nicht unbedingt an der geringeren Sorgfalt des Sprechenden (oder Schreibenden) liegen. Es kann auch ein Zeichen dafür sein, daß die angesprochene Sache so beziehungsreich ist, daß man sich ihr mit immer neuen Ausdrücken zu nähern versuchen muß. Es kann auch daran liegen, daß der Redende sich nicht in ein Gehäuse wissenschaftlicher Terminologie einschließen möchte und deshalb immer wieder Annäherungen an die Umgangssprache sucht.

Da auch die wissenschaftliche Sprache sich ständig weiterentwickelt, ist auch zu unterscheiden zwischen *älteren, schon klassisch gewordenen* Begriffen (z. B.: »Hierarchie«, »Christologie«, »Sakrament«) und in der Gegenwart *neu geprägten* Begriffen (z. B.: »Pfarrgemeinderat«, »Politische Theologie«, »Korrelation«). Manchmal führt ein Autor sogar bewußt einen erstmals von ihm formulierten Begriff ein, um ein neues Problem, einen neuen Gedanken oder eine neue Sichtweise zum Ausdruck zu bringen.

Zu jeder wissenschaftlichen Erarbeitung eines Problems gehört also eine Reflexion über die Begriffe: Schon in einer *Diskussion* wird man sich über den Inhalt der in ihr häufig gebrauchten Begriffe verständigen müssen; sonst redet man leicht aneinander vorbei. Erst recht wird man bei der sorgfältigen *Lektüre eines Textes* fragen:

- Welche Begriffe dominieren hier? (Nicht jedes Wort, das uns in die Augen springt, hat im gegebenen Zusammenhang eine zentrale Bedeutung.)
- Welchen Status hat der einzelne Begriff: Handelt es sich um Fachterminologie? (Diese Frage zu beantworten, kann allerdings für Anfänger schwer sein. Hier sind Fachlexika eine wichtige Hilfe.)
- Ist erkennbar, ob der Verfasser beim Verzicht auf Fachterminologie von einer bestimmten Absicht geleitet ist?
- Wechselt etwa die Begriffsbedeutung innerhalb des Textes?

Sucht man Literatur zu einem bestimmten Problem, so erleichtert die Kenntnis der einschlägigen Begriffe wesentlich das Auffinden. Dies gilt z. B. für die Benutzung eines *Sachregisters* in einem Werk, das eine ganze Anzahl von Problemen behandelt, für die Benutzung eines *Schlagwortkatalogs* in einer Bibliothek und besonders für die Benutzung eines *Fachlexikons*. Wissenschaftliche Lexika sind in der Regel nach den in der Fachsprache üblichen Begriffen (alphabetisch) aufgebaut. Das (meist am Ende angefügte) Sachregister liefert eine zusätzliche Hilfe zum Auffinden. Darüber hinaus ist folgender Vergleich aufschlußreich: Welchen Begriffen wird ein eigener Artikel eingräumt, welche sind nur über das Register zu finden? Freilich haben in diesem

Punkt die Herausgeber einen großen Ermessensspielraum. Neuere Begriffe werden naturgemäß weniger in Lexika zu finden sein als klassische.

• Zur Einübung könnte man sich z.B. die im folgenden Abschnitt *(6.2)* abgedruckten Texte vornehmen, die für ihr Verständnis und ihre Diskussion wichtigen Begriffe auswählen, diese mit den soeben genannten Fragen untersuchen und schließlich prüfen, wie diese Begriffe in theeologischen Lexika oder Handbüchern verarbeitet werden.

6.2 Problemstellungen

Wer an einem bestimmten Problem wissenschaftlich arbeiten will, muß sich zunächst über seine Aufgabe klar werden: Was will ich mit dieser Arbeit erreichen? Dazu gehört nicht nur die thematische Eingrenzung, sondern auch die Reflexion über die *Art* der Aufgabenstellung.
Die Aufgabe kann einfach in der Erhebung und Beschreibung einer bestimmten Position bestehen (z. B.: Was sagt *Hans Küng* zum Thema »Unfehlbarkeit«?). Es kann auch der Vergleich dieser Position mit einer anderen aufgegeben sein (z. B.: Was sagen dazu die Theologen X oder Y?). Es kann aber auch gefordert sein, kontroverse Positionen aufzuarbeiten. Dann wird man deren Voraussetzungen, Argumentationen usw. beurteilen müssen. In diesem Fall wird vom Theologen nicht nur verlangt, daß er eine strittige Situation wahrnimmt und angemessen wiedergibt, sondern daß er sich selbst an der Diskussion beteiligt und sie nach Möglichkeit ein Stück weiterführt. Schließlich wird es für den Studierenden in der Systematischen Theologie oft darum gehen, zu einer begründeten Aussage über eine für ihn neue oder bislang nur wenig reflektierte Frage zu kommen (z. B.: Kann man den Glauben rational begründen? Was besagt der Glaube an Jesus als Sohn Gottes? Was geschieht in der Eucharistiefeier?).
Darüber hinaus ist es für die rechte Einschätzung einer Aufgabe auch erheblich, ob diese ein innertheologisches Problem aufgreift oder ob sie dazu zwingt, auch andere wissenschaftliche Disziplinen wahrzunehmen (und sei es nur, um die Begrenztheit der eigenen Perspektive zu erkennen).
Ferner könnte man bedenken, ob eine Aufgabe ein besonders aktuelles oder ein mehr grundsätzliches Problem aufgreift. Dies klärt den jeweiligen Erwartungs- und Bearbeitungshorizont und beugt zugleich zwei Extremen vor: sich einerseits zu sehr von modischen Trends leiten zu

lassen oder andererseits die Frage nach der existentiellen Bedeutung einer theologischen Erörterung ganz aus dem Auge zu verlieren.
Aus den folgenden, lose zusammengestellten Textgruppen kann man verschiedene Problemstellungen entwickeln. Die Texte beziehen sich auf zwei theologische Teilgebiete, die auch in den Textbeispielen von *Kapitel 6.3.1* und *6.3.2* wiederkehren: Christologie und Eucharistietheologie.

• *Erstes Beispiel: Wer ist Jesus von Nazaret?*
Die folgenden vier Texte antworten alle auf die gleiche Frage: »Wer ist Jesus von Nazaret – für mich?« Es handelt sich also um persönliche Bekenntnisse (nicht um wissenschaftliche Aussagen). Dabei kommt neben dem jeweiligen Jesus-Bild auch die noch fundamentalere Frage ins Spiel: Was bedeutet mir überhaupt der Glaube?
Die Texte könnten einladen
- zum Vergleich miteinander,
- zum Vergleich mit Aussagen, die wir bei einer entsprechenden Befragung in unserer Umgebung erhalten könnten,
- zur Konfrontation mit unseren eigenen Glaubensvorstellungen und den dahinterliegenden Lebenserfahrungen,
- zum Vergleich mit den kirchlichen Lehraussagen über Jesus Christus (z. B. im Apostolischen Glaubensbekenntnis oder in den Formulierungen des Konzils von Chalkedon, vgl. *Text 55*),
- zu der mehr normativen Frage: Inwieweit kann man auf dem Boden christlicher Theologie in solcher Weise über Jesus und den Glauben an ihn reden? (Spätestens an dieser Stelle wird es notwendig, systematisch Christologie zu studieren.)

41 Erst spät begegnete ich ihm.
Jesus war lange verstellt von Christus, eingeborenem Sohn, empfangen vom Heiligen Geist, geboren aus der Jungfrau, gestorben, um die Erbschuld zu tilgen, nach seiner Auferstehung zur Rechten Gottes sitzend, richtend die Lebendigen und die Toten, Bräutigam der Kirche, die er sich zu seinem »mystischen Leib« gemacht haben sollte . . . Jesus war verstellt von Christus, mythologischer Figur.
Heute ist Jesus für mich der Mann aus Nazaret, Bruder der Menschen, der einzige, den sie je gehabt haben, mein Bruder. Der die Unwissenden lehrte, die Kranken heilte, der die Scharen befreite zur Freiheit vom Gesetz, vom tödlichen Buchstaben. Der mit allen zu Tische saß, die von den Mächtigen verachtet werden. Der sich essen ließ und starb wie ein Lamm, als die Stunde kam.

Ich bin in Bann geschlagen von der Erkenntnis, daß seine Lehre, so wie er sie in der Bergpredigt verkündete, die Bedingungen für unsere Zukunft enthält, für ein zukünftiges Zusammenleben der Menschen.
Vilma Sturm, Journalistin

42 Von Haus aus bin ich katholisch. Ich wurde streng religiös erzogen. Als Kind machte ich das alles mit. Aber als ich 15 oder 16 Jahre alt war, fing ich an, mir eine eigene Meinung zu bilden. So kam ich auch darauf, über den Glauben nachzudenken. Ich fing an zu zweifeln. Dafür wurde ich sehr bestraft. Mir wurde vorgeworfen, ich sei Kommunist, als ich versuchte, über verschiedene religiöse Fragen zu diskutieren. So bin ich, als ich von zu Hause weg war, immer weiter von »Jesus« weggekommen.
Ich habe oft gesehen, daß Jesus für solche Menschen etwas bedeutet, denen es hier auf Erden schlechtgeht. Diese erhofften in Jesus ein neues, verklärtes Weiterleben nach dem Tode.
Gerade Ordensleute, die erste Nachfolger Christi sein sollten, zeigen genau das Gegenteil von Nächstenliebe. Ihr Leben ist meiner Ansicht nach nur Heuchelei. Dem Leben in der wirklichen Welt gehen sie aus dem Wege.
Für mich bedeutet also Jesus nichts. Ich muß ja mein Erdenleben selber durchkämpfen und schauen, daß ich etwas werde. Dabei hilft mir »Jesus« nicht.
Eine Krankenpflegeschülerin

43 Ich glaube an Jesus, das gebe ich zu; aber daß ich ihn mir irgendwie vorstelle, nein. Man braucht nun manchmal etwas, woran man sich klammern kann. Was für Kleinkinder ihre Teddys sind, bei denen sie sich ausweinen, ist für mich manchmal Jesus.
Ein Jugendlicher, 9. Schuljahr

44 Wer ist Jesus für mich? – Das ist die intimste Frage, die mir je gestellt wurde . . .
Früher, da war er fern und unirdisch, ein verkleideter Gott, mit dem ich wenig zu schaffen hatte. Ein Zauberkünstler par excel-

lence, ein heroischer Todesüberwinder, ein unpersönlicher Garant der Unsterblichkeit. Und heute? Ein erstes Aufhorchen, als ich zwei Männer davon sprechen hörte, daß Jesus sie eigentlich erst mit 35, 40 Jahren beunruhigt habe. Und dann: ein immer stärkeres Vertrautwerden, ein Erfahren von Brüderlichkeit, von Nähe, von Interesse, von Anteilnahme, ein Endlich-nicht-mehr-allein-Sein. Ein Trost, eine Verheißung. Ein Jude, ein Rabbi aus Israel, ein Gerechter. Einer, den Gott lieb hat, und einer, der Gott lieb hat. Die Hoffnung, daß Gott Gott ist, daß ich zu ihm Vater sagen darf, daß ich gesehen und angenommen bin. Daß mein Kind nicht vergessen ist. Daß mein Unvermögen gegenüber meinen Kindern nicht das Entscheidende ist. Daß mein kranker Sohn geliebt ist. Und daß der Weg meines Lebens und meiner Ehe einen Sinn hat. Das Vertrauen, daß dort, wo Jesus ist, die Welt heil wird – nicht für mich persönlich, das ist nicht wichtig. Aber irgendwann, irgendwie – Friede, Glück, Heil. Ich warte auf ihn wie eine, der es nicht beschieden ist, ihn zu sehen, aber die es erhofft für ihre Kinder, Enkel, irgendwann für die Menschen. Daß das Reich Gottes in diesem Mann Jesus anbricht.
Marielene Leist, Psychotherapeutin

Alle 4 Texte aus: *Heinrich Spaemann* (Hrsg.), Wer ist Jesus von Nazaret – für mich? 100 zeitgenössische Zeugnisse, Kösel-Verlag, München 1973, 40f. und 101f.

• *Zweites Beispiel: Was geschieht in der Eucharistie?*
In den folgenden zwei Texten geht es zunächst um den religionspädagogischen Ansatz für die Eucharistiekatechese, dann aber auch um Entscheidungen Systematischer Theologie. Der Text von *Günter Weber* ist einem für Erstkommunionkinder verfaßten Buch entnommen. Der zweite Text (von *Paul Hacker*) stammt aus einer Offertenzeitschrift für Kleriker. Nach einigen allgemeinen Bemerkungen nimmt der Verfasser kritisch Stellung zu dem Text von Günter Weber.

- Beim Textvergleich wird als erstes der große Unterschied in der sprachlichen Gestalt auffallen. Könnte man schon von daher etwas über die jeweilige literarische Gattung ausmachen?
- Verrät die Sprachgestalt auch etwas über den theologischen Standort des Verfassers?
- Wieweit trifft Hacker die Aussageabsicht von Weber?
- Wie könnte man zu dem hier angezeigten Streit begründet Stellung nehmen?

45 Überall, wo Menschen einander helfen,
einander Freude machen
und miteinander teilen,
da werden sie miteinander eins,
da ist Jesus bei ihnen.

Überall, wo Menschen für Frieden sorgen,
wo sie einen Streit beenden
und sich versöhnen,
da werden sie miteinander eins,
da ist Jesus bei ihnen.

Überall, wo Menschen zusammenkommen,
um gemeinsam auf sein Wort zu hören
und miteinander zu beten,
da werden sie miteinander eins,
da ist Jesus bei ihnen.

Überall, wo Menschen in Liebe beisammen sind,
zueinander freundlich sind
und miteinander essen,
da werden sie miteinander eins,
da ist Jesus bei ihnen.

Überall in der Welt leben Menschen.
Viele von ihnen glauben an Jesus Christus.

Alle, die an Jesus Christus glauben
und mit ihm leben wollen,
gehören zusammen.

Sie gehören zusammen,
weil sie alle zu Jesus gehören.
Sie sind seine *Kirche*.

Wer an Jesus glaubt
und sich taufen läßt,
gehört zur Kirche.

Viele Menschen wollen zu Jesus gehören und seine Kirche sein. Sie wollen mit Jesus füreinander dasein und miteinander eins sein. Sie wollen mit Jesus Gott danken und ihn loben.

Wie können sie das zeigen?

Jesus selbst hat gesagt,
wie Menschen das *zeigen* können.
Er hat ein *Zeichen eingesetzt:*
Das ist das *Mahl mit ihm.*

Aus: *Günter Weber,* Miteinander eins werden. Ein Eucharistiebuch. Zur Vorbereitung auf die Eucharistie, Verlag Herder, Freiburg [3]1972, 16 und 18f.

46 Man hat den Eindruck einer konzertierten Aktion – zum Teil gab es wohl wirklich Absprachen und zumindest den Einfluß von Lehrern auf ihre direkten oder indirekten Schüler; aber auf die Vorgeschichte will ich hier nicht eingehen – einer Aktion, die das Herz der Kirche trifft: den Glauben, das Dogma, die Frömmigkeit, ja die Realität selbst, bezüglich des hlst. Sakraments des Altares. Am wirkungsvollsten arbeitet man hier auf dem Gebiet der Katechese, insbesondere der Kinderkatechese: dann werden Glaube und Frömmigkeit gar nicht erst aufgebaut, das Dogma wird zu einer geistesgeschichtlichen Kuriosität, und schließlich entschwindet die Realität selbst. [. . .] S. 16 (sechs Photos, ein modernes Lied) sinkt es schon zum banalen Seid-nett-Zueinander: »Überall, wo Menschen in Liebe beisammen sind (. . .), und miteinander essen (. . .), da ist Jesus bei ihnen.« Man fragt sich: Wozu dann noch »Eucharistie«? »Miteinander essen« kann man doch anderswo besser. – Mehrmals in diesem Heft, wie auch in andern hier besprochenen Schriften, taucht der Gedanke auf, die »Eucharistie« sei als eine Mahlgemeinschaft *mit* Christus zu verstehen. Wie ich an anderer Stelle [. . .] gezeigt habe, ist dieser Gedanke ganz unkatholisch. Er stammt aus den historischen Hypothesen protestantischer Gelehrter, die natürlich weder an das hl. Opfer und Altarsakrament noch an seine Einsetzung durch Christus glaubten, aber sich »erklären« wollten, wie denn das, was man dann bald *eucharistía* nannte, »entstanden« sei. Sie legten's sich so zurecht: Jesus hatte oft mit seinen Jüngern gegessen. Nach seinem Tode setzten sie diese Mahlzeiten fort, und dann war es ihnen, als sei Jesus unter ihnen. Bald konzentrierte und materialisierte sich diese Gegenwarts-Idee in dem bei der Mahlzeit genossenen Brot und Wein: diese wurden mit Jesus *identifiziert.*

Elemente dieser Hypothese tauchen heute in der korrupten Lehre des Neukatholizismus allenthalben auf, besonders die Idee der Feier *mit* Jesus. Diese schließt eine stillschweigende Leugnung der katholischen Lehre von der Realpräsenz und Wesensverwandlung ein. Denn man kann einen Kultus, in dem Christus sich selbst, den Geopferten, *zur Speise gibt,* nicht als eine *Mahlgemeinschaft mit* Christus bezeichnen.

Aus: *Paul Hacker,* Zur Vernichtung des Meßopfer- und Altarsakrament-Glaubens, insbesondere bei den Kindern, in: Theologisches. Beilage der »Offerten-Zeitung für die kath. Geistlichkeit Deutschlands«, Sept. 1977, 2449–2467, hier 2449 und 2454f.

● In der Eucharistietheologie verwendet man, um die Gegenwart Christi in Brot und Wein zu verdeutlichen, in jüngerer Zeit öfters den Begriff »Transsignifikation«. Was bringt die Verwendung dieses Begriffs ein? Damit beschäftigen sich die nächsten zwei Texte. Der katholische Dogmatiker *Alexander Gerken* greift die Vokabel »Transsignifikation« positiv auf und erläutert sie. *Papst Paul VI.* weist eher warnend auf ihren Gebrauch hin.

- Gerkens Buch gehört (schon vom Erscheinungsdatum her) sicher nicht zu den von Paul VI. unmittelbar gemeinten Veröffentlichungen. Könnten seine Ausführungen aber inhaltlich zu den von Paul VI. kritisierten »Ansichten« gezählt werden?
- Welche (sprachliche und inhaltliche) Spannung ist zwischen den beiden Texten erkennbar?
- Der letzte Abschnitt des Enzyklika-Textes markiert eine bestimmte Vorstellung über die Aufgabe der Theologie. Man könnte diese Vorstellung mit den weiter unten abgedruckten Texten von *Friedrich Wetter* und *Theodor Schneider (Text 59* und *63)* vergleichen.
- Von den im letzten Satz der Enzyklika angesprochenen Formeln des Konzils von Trient ist die wichtigste unten *(Text 60)* abgedruckt. Wie verhält sich der Text von Alexander Gerken zu dieser Formel?
- Welche Vorarbeiten müßte man leisten, wenn man zu der Kontroverse um die Begriffe »Transsubstantiation« und »Transsignifikation« begründet Stellung nehmen möchte?

47 Sowohl vom Willen zur Kommunikation wie auch von der Ausdrucksfähigkeit des Zeichens her sind verschiedene Grade personaler Gegenwart denkbar. Ein sehr guter Freund ist mir vielleicht durch einen Brief stärker gegenwärtig, wirkt mächtiger auf mich ein als ein Fremder durch seine leibliche Gegenwart. Von hier aus vermag Liebe oder Freundschaft auch Dinge geradezu zu verwandeln, zu realisierenden Zeichen zu erwählen. Das Geschenk der Eltern an einem entscheidenden Tag des Lebens etwa behält Gewicht und Bedeutung weit über seinen materiellen Wert hinaus. [...]
Von hier aus ist ein Zugang gegeben zur Erhellung der Gegenwart Christi in der Eucharistie. [...] Indem Christus sich in der Eucharistie selbst schenkt, verwandelt und erhöht er die Zeichenfunktion von Brot und Wein. Sie sind nicht mehr nur körperliche

Nahrung, sie sind auch nicht mehr nur ein Zeichen der Gemeinschaft unter Menschen, die sich in einem Mahl realisiert, sondern *in all dem* und *darüber hinaus* werden sie durch den Geist Jesu zu realisierenden Zeichen seiner Gegenwart für uns, seiner Hingabe für uns, seines Opfers, das uns zur Einheit in ihm erlöst. Wenn man die Ebene der Beziehung und damit die Ebene des Zeichens als die entscheidende Ebene *im Seienden selbst* ansieht, darf man bei der Eucharistie also von einer *Transsignifikation* sprechen, und diese meint dann eine wirkliche, seinshafte Verwandlung sowohl eines Mahl*geschehens* – das Mahl wird zuerst verwandelt! – wie auch der in diesem Mahlgeschehen *gereichten Speise*.

Aus: *Alexander Gerken,* Theologie der Eucharistie, Kösel-Verlag, München 1973, 178f.

48 Jedoch gibt es, ehrwürdige Brüder, gerade in der Materie, von der wir sprechen, Gründe für ernste pastorale Sorge und Beunruhigung, über die zu schweigen unsere Apostolische Gewissenspflicht uns nicht gestattet.

Denn wir haben erfahren, daß es unter denen, die über dieses hochheilige Geheimnis sprechen und schreiben, einige gibt, die über die Privatmessen, das Dogma der Transsubstantiation und den eucharistischen Kult solche Ansichten verbreiten, daß sie die Gläubigen beunruhigen und in ihnen nicht geringe Verwirrung bezüglich der Glaubenswahrheiten verursachen, als ob es jedem gestattet wäre, eine von der Kirche einmal definierte Lehre in Vergessenheit geraten zu lassen oder sie in einer Weise zu erklären, daß die wahre Bedeutung der Worte oder die angenommene Geltung der Begriffe abgeschwächt werden.

Es ist, um ein Beispiel anzuführen, nicht erlaubt, die sogenannte Messe »in Gemeinschaft« so zu betonen, daß die privat zelebrierten Messen an Bedeutung verlieren. Auch darf man das sakramentale Zeichen nicht so pressen, als ob die Symbolbedeutung, die nach der Meinung aller in der heiligen Eucharistie vorhanden ist, die Gegenwart Christi in diesem Sakrament erschöpfend zum Ausdruck bringen würde. Gleichfalls ist es nicht gestattet, über das Geheimnis der Transsubstantion zu sprechen, ohne die wunderbare Verwandlung der ganzen Substanz des Brotes in den Leib und der ganzen Substanz des Weines in das Blut Christi zu erwähnen, von der das Konzil von Trient spricht, so daß sie sich nur, wie sie sagen, auf die »Transsignifikation« oder »Transfina-

lisation« beschränken. Schließlich geht es nicht an, die Ansicht zu vertreten und zu praktizieren, derzufolge unser Herr Jesus Christus in den konsekrierten und nach der Feier des Meßopfers übriggebliebenen Hostien nicht mehr gegenwärtig wäre.
Jeder sieht, wie in solchen oder ähnlichen in Umlauf gesetzten Ansichten der Glaube und der Kult der heiligen Eucharistie schwer verletzt werden. [. . .]
Die Norm zu sprechen, die die Kirche in jahrhundertelanger Arbeit und mit dem Beistand des Heiligen Geistes festgelegt, und die sie durch die Autorität der Konzilien bestätigt hat, und die Kennzeichen und Banner der Rechtgläubigkeit geworden ist, muß heiliggehalten werden. Niemand wage es, sie nach seinem Gutdünken oder unter dem Vorwand einer neuen Wissenschaft zu ändern. Wer könnte je dulden, daß die dogmatischen Formeln, die von den Ökumenischen Konzilien für die Geheimnisse der Heiligsten Dreifaltigkeit und der Menschwerdung gebraucht wurden, für die Menschen unserer Zeit nicht mehr geeignet gehalten werden und vermessen durch andere ersetzt werden müßten? In gleicher Weise kann man nicht dulden, daß jeder auf eigene Faust die Formeln antasten kann, mit denen das Konzil von Trient das eucharistische Geheimnis zu glauben vorgelegt hat.

Aus: *Paul VI.*, Enzyklika »Mysterium fidei« vom 3. 9. 1965, hier zitiert nach: Kirchliches Amtsblatt für das Bistum Essen 8 (1965), 191–200, hier 192f.

6.3 Theologische Argumentation

Die klassischen Argumentationsquellen katholischer Theologie sind Schrift (Bibel) und Tradition (Überlieferung). Darüber hinaus muß Systematische Theologie aber auch die Erkenntnisse anderer Wissenschaften, soweit sie Gegenstände der Theologie berühren, berücksichtigen. Und sie hat ständig die (»alte«) Glaubensüberlieferung mit den (»neuen«) Erfahrungen der Gegenwart zu konfrontieren. Diese vierfache Argumentation wird in den folgenden Abschnitten vorgestellt.

6.3.1 Die Schrift

Je ein Text zu den oben *(Kapitel 6.2)* problematisierten Gebieten soll die Berufung des Systematikers auf die Bibel illustrieren.

• *Erstes Beispiel: Christologie*
Für *Hans Küng* (vgl. *Text 34*) ist die Frage »Was ist die christliche Botschaft?« weitgehend identisch mit der Frage nach der Person Jesu. Er versucht deshalb, mit einigen Strichen zu skizzieren, wer Jesus war, wie sein Auftreten wirkte, welche Fragen von ihm ausgingen. Dabei stützt er sich durchweg auf Aussagen des Neuen Testaments und auf die Ergebnisse der historischen Erforschung der Umwelt Jesu (neutestamentliche Zeitgeschichte). Der Text enthält zahlreiche Vokabeln aus dem Neuen Testament (z. B. »Pharisäer«, »Sadduzäer«) und aus der neutestamentlichen Zeitgeschichte (z. B. »Essener«, »Qumranmann«), sowie Anspielungen auf biblische Erzählungen (besonders in den fünf mit »Deshalb« beginnenden Abschnitten). Gleichzeitig versucht Küng eine Übersetzung in Sprache und Probleme der Gegenwart (davon zeugen z. B. Vokabeln wie »Establishment«, »Revolutionär«).

- Es würde sich lohnen, anhand des Neuen Testaments die vielen biblischen Vokabeln und Szenen, auf die Küng anspielt, zusammenzutragen und zu verfolgen, wie er nachbiblische, gegenwärtige Probleme damit verbindet.
- Mit dem von Küng skizzierten Jesus-Bild könnte man auch die oben wiedergegebenen, persönlichen Antworten auf die Frage »Wer ist Jesus von Nazaret – für mich?« *(Texte 41–44)* konfrontieren.

49 Verschiedene Formulierungen der einen Botschaft lassen sich denken. Mir scheint die folgende heute besonders geeignet. Was ist die christliche Botschaft? Die christliche Botschaft ist: *Im Licht und in der Kraft Jesu können wir in der Welt von heute wahrhaft menschlich leben, handeln, leiden und sterben: weil durch und durch gehalten von Gott, bis zum letzten engagiert für den Menschen.* Diese Kurzformel ist allgemein verständlich, verlangt aber selbst eine Erklärung.
Was heißt: *im Licht und in der Kraft Jesu?* Was wollte Jesus? Jesus verkündete keine Theorien und Gesetze, auch nicht sich selbst, sondern das *Reich Gottes*.
Er war gewiß kein Mann des priesterlichen Establishments (Sadduzäer): er war »Laie«, auffälligerweise unverheiratet, und verkündigte nicht nur die von Anfang an gegebene Weltherrschaft Gottes, sondern das zukünftige endzeitliche Reich Gottes.
Er war aber auch kein politischer Revolutionär (Zelot): nicht eine irdisch-nationale und religiös-politische Theokratie kündete er an, sondern die unmittelbare und uneingeschränkte Herrschaft Gottes selbst über die Welt.
Er war auch kein asketischer Ordensmann (Essener oder Qum-

ranmann): mitten unter den Menschen lebend, glaubte er nicht an ein Rachegericht über die Kinder der Welt und der Finsternis, sondern kündete die Frohe Botschaft von der Gnade Gottes gerade für die Sünder und Gottlosen.
Er war schließlich auch kein frommer Moralist (Pharisäer): selbst kein Schrifttheologe und ohne allen Sinn für Kasuistik, sah er das Reich Gottes nicht kommen durch treue Erfüllung des Gesetzes, sondern durch Gottes gnädige Tat selbst, die vom Menschen nur vertrauensvolle Annahme und Hingabe in Glauben und Liebe erwartet.
So sprengt Jesus alle Schemata: Provokatorisch nach rechts und links, Gott näher als die Priester und der Welt gegenüber freier als die Asketen, moralischer als die Moralisten und revolutionärer als die Revolutionäre trat er ein für den Willen Gottes als die oberste und unmittelbare Norm. Und was ist der Wille Gottes? Das ist für Jesus klar: *das Wohl der Menschen.*
Deshalb schreckt Jesus, der im ganzen durchaus gesetzestreu lebt, im Einzelfall auch vor gesetzwidrigem Verhalten nicht zurück. Keine rituelle Scheu: Reinheit vor Gott schenkt nur die Reinheit des Herzens. Kein Fastenasketismus: Fresser und Säufer ließ er sich schelten. Keine Sabbatängstlichkeit: der Mensch ist Maß des Sabbats und des Gesetzes.
Deshalb relativiert er faktisch in skandalöser Weise geheiligte Traditionen und Institutionen: das Gesetz, denn die Gebote sind um der Menschen willen da; den Tempel, denn die Versöhnung und alltäglicher Dienst kommen vor dem Kult.
Deshalb tritt er für die Liebe ein, die zugleich fromm und vernünftig sein läßt, die sich aber darin bewährt, daß sie niemanden, auch nicht den Gegner, ausschließt und vielmehr bis zum letzten Einsatz und Verzicht zu gehen bereit ist: Veränderungen der Gesellschaft durch Veränderung des einzelnen.
Deshalb identifiziert er sich zum Ärger der Frommen mit allen »armen Teufeln«: die Häretiker und Schismatiker (Samariter), die Unmoralischen (Dirnen und Ehebrecher), die politisch Kompromittierten (Zolleinzieher und Kollaborateure), die gesellschaftlich Ausgestoßenen und Vernachlässigten (Aussätzige, Kranke, Elende), überhaupt das gemeine Volk (das das Gesetz nicht kennt oder tut).
Deshalb wagt er sogar, statt der gesetzlichen Bestrafung Gottes Vergebung umsonst (!) zu verkünden, ja persönlich zuzuspre-

chen und damit die Umkehr und ein Vergeben gegenüber den Mitmenschen zu ermöglichen.
Eine wahrhaft »gute Botschaft« (Evangelium) der Gnade, Hoffnung, Freiheit, Liebe und Freude, überzeugend gelebt von dem, der sie verkündigt, auffällig begleitet von charismatischen Taten, Heilung von Krankheiten und Dämonen – eschatologische Signale für das Kommen des den Menschen bis in seine Leiblichkeit hinein ergreifenden Reiches. Aber gerade so bildet dieser Jesus, bei dem Theorie und Praxis sich unangreifbar decken, eine beispiellose Herausforderung für das gesamte religiös-gesellschaftliche System (»Gesetz«) und seine Repräsentanten. Mit welcher Vollmacht eigentlich tut er dies? So fragen Freunde und Feinde. Hier verkündet einer statt der unbedingten Gesetzeserfüllung eine merkwürdige Freiheit für Gott und den Menschen. Predigt er nicht im Grund einen anderen Gott: einen Gott, der es statt mit den Frommen mit den Sündern hält? Macht er sich nicht zu mehr als Moses (Gesetz), mehr als Salomon (Tempel), mehr als Jonas (Propheten)? Wie kommt er – von niederer Herkunft und von keiner Institution oder Partei gedeckt – dazu, mit solcher Vollmacht und solchem Anspruch zu reden und zu handeln: aus einer seltsamen Unmittelbarkeit zu Gott, gleichsam für Gott und anstelle Gottes?

Aus: *Hans Küng,* Was ist die christliche Botschaft?, in: Die Zukunft der Kirche. Berichtband des Concilium-Kongresses 1970, Benziger Verlag, Zürich u. a. 1971, 78–85, hier 78ff.

• *Zweites Beispiel: Eucharistietheologie*

Der Dogmatiker *Theodor Schneider* betont im ersten Textabschnitt die Bedeutung des biblischen Fundaments für die Eucharistietheologie und zeigt im zweiten Abschnitt eine dreifache »Verwurzelung« der christlichen Eucharistiefeier in den Erfahrungen der Jünger Jesu auf. Daß es ihm dabei aber nicht nur um historischen Bericht geht, sondern um eine Korrektur heute vorhandener Vorstellungen, läßt besonders der erste Satz des zweiten Abschnittes erkennen. Man könnte es so ausdrücken: Er argumentiert mit der Bibel in systematischer Absicht.

– Schneider zitiert nur *einen* neutestamentlichen Text ausdrücklich. Auf welche anderen Texte dürften sich seine Ausführungen stützen?
– Ergeben sich aus seiner Darstellung Gesichtspunkte, die unser eigenes Eucharistieverständnis korrigieren könnten?
– Ergeben sich Argumente für eine Beurteilung der Kritik von Paul Hacker an Günter Weber (vgl. *Text 46*)?

50 Das eigentliche »sacramentum ecclesiae« [»Sakrament der Kirche«], das heilige Zeichen, in welchem sich die Kirche selber grundlegend vollzieht und anschaubar wird, das also nicht nur *einen* Grundvollzug der Kirche, sondern *den* Grundvollzug der Communio, der Gemeinschaft der Gläubigen mit Jesus Christus und untereinander darstellt, ist die Eucharistie. Gerade bei diesem grundlegenden sakramentalen Vollzug ist ein Stehen auf dem apostolischen Fundament und die Übereinstimmung mit der Überlieferung für das kirchliche Selbstverständnis lebenswichtig. [...]
Es wäre eine Verkürzung, bei der historischen Herleitung ausschließlich an das sogenannte letzte Abendmahl Jesu zu denken. Die Mahlgemeinschaften Jesu vor seiner Passion spielen ebenfalls eine bedeutende Rolle für die Entstehung der Eucharistie und für deren Verständnis. Es handelt sich um festliche Mahle als Ausdruck der Gemeinsamkeit, die weithin als Vorwegnahme des Mahles der Endzeit verstanden wurden. Alle konnten daran teilnehmen: Zeichen für die Aufnahme der Verlorenen in die Heilsgemeinschaft. Also beide Motive – Sündenvergebung und neues Gottesvolk – spielen schon bei diesen Mahlen eine Rolle. Dritte Wurzel sind die sogenannten »Erscheinungsmahle«. In mehreren neutestamentlichen Texten wird eine Tischgemeinschaft mit dem Auferstandenen beschrieben, am eindrucksvollsten im Emmausbericht (Lk 24,13–35). Insgesamt lassen diese Texte erkennen, daß es bei Mahlgemeinschaften der Jünger zur Erfahrung des Auferstandenen gekommen ist, zur Erfahrung der fortbestehenden Tischgemeinschaft mit dem Erhöhten. *Die Eucharistiefeier der Urgemeinde ist verwurzelt in den häufigen Mahlfeiern des irdischen Jesus mit unterschiedlichsten Teilnehmern, im letzten Mahl mit seinen Jüngern vor seinem Leiden und in den sogenannten »Erscheinungsmahlen« vor den Auferstehungszeugen.*

Aus: *Theodor Schneider,* Zeichen der Nähe Gottes. Grundriß der Sakramententheologie, Matthias-Grünewald-Verlag, Mainz 1979, 147f.

Zur Reflexion über die Schrift als Argumentationsquelle
Für christliche Theologie ist die Schrift nicht nur eine Sammlung von irgendwelchen Glaubenszeugnissen aus alter Zeit, sondern *die* primäre Glaubensquelle. Warum gerade die Bibel?
Man könnte etwa so antworten: Im Gegensatz zum Mythos, der zeitlos gültige Wahrheiten aussprechen will, versteht sich christlicher Glaube

als Echo auf eine geschichtlich ergangene Offenbarung Gottes: In der Geschichte Israels (in seinem Glauben, seinem Leben, seinem Schicksal) und besonders in der Geschichte Jesu von Nazaret (in seinem Glauben, seinem Leben, seiner Botschaft, seinem Schicksal) hat Gott zur Menschheit gesprochen, sich ihr gezeigt, sich ihr mitgeteilt, sich »offenbart«. In den Schriften des Alten und Neuen Testaments hat sich diese Offenbarung niedergeschlagen. Das Entstehen dieser Schriften gehört selbst noch zum Offenbarungsvorgang. Man sagt: die biblischen Bücher sind von Gott »inspiriert«. Wer daher als Christ zutreffend etwas über Gott, über sein Verhältnis zur Welt, über Welt und Mensch im Horizont des Glaubens an Gott sagen will, muß sich vor allem an die Bibel halten.

In dieser Antwort sind zwei Begriffe enthalten, die einer besonderen Reflexion bedürfen: »Offenbarung« und »Inspiration«. Für den Begriff der *»Offenbarung«* kann man zunächst auf den Text von Alfred Beckmann *(Text 11)* zurückgreifen (dort werden zwei verschiedene Offenbarungsverständnisse innerhalb der katholischen Theologie einander gegenübergestellt) und das in den folgenden Texten enthaltene (oder vorausgesetzte) Offenbarungsverstädnis damit vergleichen.

Das mit dem Begriff der *»Inspiration«* Gemeinte wird u. a. auch damit umschrieben, daß man sagt, die biblischen Schriften haben Gott zum Urheber, sie sind auf Eingebung (oder: unter dem Anhauch) des Heiligen Geistes verfaßt, sie enthalten Gottes Wort. Als Folge dessen gilt, daß die Bibel die Offenbarung ohne Irrtum enthält. Mit diesen Aussagen verbinden sich aber eine Reihe von Problemen:

– Offenbar gibt es Widersprüche zwischen dem biblischen und dem modernen Weltbild. An dieser Schwierigkeit entzündete sich z. B. der Fall Galilei. Wie ist die Behauptung der Irrtumslosigkeit der Schrift mit den Erkenntnissen der modernen Wissenschaft vereinbar? (Vgl. hierzu auch *Kapitel 6.3.3*).
– Auch die Bibel selbst scheint starke Widersprüche in sich zu enthalten (vgl. zum Beispiel Ps 137,8f. mit Mt 5,43f.) Wie kann sie dann Gottes Wort enthalten?
– Je länger man die Bibel studiert, um so deutlicher erkennt man in vielen Fällen, wie konkrete politische oder gemeindliche Situationen das Entstehen und den Inhalt einer Schrift bestimmt haben, wie sehr einzelne Bücher von der persönlichen Eigenart ihres Verfassers geprägt sind, ja, wie sie sich in der Übernahme und Weiterverarbeitung durch spätere Redaktoren verändert haben. Außerdem hat die Bibelwissenschaft die Abhängigkeit einzelner biblischer Texte von außerbiblischen Quellen aufgezeigt. Schließlich war die kirchliche Kanonbildung (d. h. die Auswahl und Zusammenstellung gerade dieser Schriften zur »Bibel«) ein Prozeß, der sich über mehrere Jahrhunderte hinzog. Sprechen solche Beobachtungen nicht viel

mehr für eine menschliche Urheberschaft, für innerweltliche Entstehungsursachen der Bibel? Wie verträgt sich damit die Aussage, die Bibel habe Gott zum Urheber?

• Wieweit berücksichtigen die folgenden Texte die hier aufgeworfenen Fragen? Beim Vergleich der beiden *Konzilstexte* ist zu bedenken, daß in der zwischen dem Ersten und dem Zweiten Vatikanischen Konzil liegenden Zeit die Bibelwissenschaft sich entscheidend weiterentwikkelt hat:
– Wie schlägt sich diese Entwicklung in den beiden Texten nieder?
– Auch innerhalb des zweiten Textes ist eine Spannung erkennbar.
Der Text des Dogmatikers *Karl Rahner* und der aus dem für Erwachsene geschriebenen *»Holländischen Katechismus«* interpretieren den Begriff der Inspiration:
– Wieweit sind sich die beiden Interpretationen ähnlich?
– Wieweit erscheinen sie vereinbar mit den Konzilstexten?

51 [. . .] Enthalten ist diese übernatürliche Offenbarung nach dem Glauben der gesamten Kirche – die heilige Kirchenversammlung in Trient hat diesen Glauben erklärt – *»in geschriebenen Büchern* und *ungeschriebenen Überlieferungen,* die die Apostel aus Christi Mund empfangen haben oder die von den Aposteln auf Eingebung des Heiligen Geistes gleichsam von Hand zu Hand weitergegeben wurden und so bis auf uns gekommen sind« [. . .]. Man muß die ganzen Bücher des Alten und Neuen Bundes mit allen ihren Teilen, wie sie in dem Lehrentscheid derselben Kirchenversammlung angeführt werden und in der alten lateinischen Vulgata-Ausgabe enthalten sind, als heilig und kanonisch annehmen.
Nicht deshalb faßt die Kirche diese Bücher als heilig und kanonisch auf, weil sie etwa bloß durch menschliches Bemühen zusammengestellt und dann durch ihre eigene Vollmacht anerkannt worden wären; auch nicht nur deshalb, weil sie die Offenbarung ohne Irrtum enthalten; sondern deshalb, weil sie, *geschrieben auf Eingebung des Heiligen Geistes, Gott zum Urheber haben und als solche der Kirche übergeben worden sind.*
Der segensvolle Lehrentscheid der Kirchenversammlung von Trient über die *Schrifterklärung,* der leichtfertige Geister im Zaume halten sollte, hat von einigen eine üble Auslegung erfahren. Wir erneuern diesen Entscheid und erklären seinen Sinn

dahin, daß in Sachen des Glaubens und der Sitten, die zum Aufbau christlicher Lehre gehören, der als der wahre Sinn der Schrift anzunehmen ist, den die heilige Mutter die Kirche festhielt und festhält. Ihr steht das Urteil über den wahren Sinn und die Erklärung der heiligen Schriften zu. Niemand darf also gegen diesen Sinn oder gegen die einstimmige Väterlehre die Heilige Schrift erklären.

Aus: *Erstes Vatikanisches Konzil,* Lehrentscheid über den katholischen Glauben, 2.Kapitel: Die Offenbarung (NR 94ff.; vgl. DS 3006f.).

52 11. Das von Gott Geoffenbarte, das in der Heiligen Schrift enthalten ist und vorliegt, ist unter dem Anhauch des Heiligen Geistes aufgezeichnet worden; denn aufgrund apostolischen Glaubens gelten unserer heiligen Mutter, der Kirche, die Bücher des Alten wie des Neuen Testamentes in ihrer Ganzheit mit allen ihren Teilen als heilig und kanonisch, weil sie, unter der Einwirkung des Heiligen Geistes geschrieben (vgl. Jo 20,31; 2Tim 3,16; 1 Petr 1,19–21; 3,15–16), Gott zum Urheber haben und als solche der Kirche übergeben sind. Zur Abfassung der heiligen Bücher hat Gott Menschen erwählt, die ihm durch den Gebrauch ihrer eigenen Fähigkeiten und Kräfte dazu dienen sollten, all das und nur das, was er – in ihnen und durch sie wirksam – geschrieben haben wollte, als echte Verfasser schriftlich zu überliefern.

Da also alles, was die inspirierten Verfasser oder Hagiographen aussagen, als vom Heiligen Geist ausgesagt zu gelten hat, ist von den Büchern der Schrift zu bekennen, daß sie sicher, getreu und ohne Irrtum die Wahrheit lehren, die Gott um unseres Heiles willen in heiligen Schriften aufgezeichnet haben wollte. Daher »ist jede Schrift, von Gott eingegeben, auch nützlich zur Belehrung, zur Beweisführung, zur Zurechtweisung, zur Erziehung in der Gerechtigkeit, damit der Gott gehörige Mensch bereit sei, wohlgerüstet zu jedem guten Werk« (2 Tim 3,16–17 griech.).

12. Da Gott in der Heiligen Schrift durch Menschen nach Menschenart gesprochen hat, muß der Schrifterklärer, um zu erfassen, was Gott uns mitteilen wollte, sorgfältig erforschen, was die heiligen Schriftsteller wirklich zu sagen beabsichtigten und was Gott mit ihren Worten kundtun wollte.

Um die Aussageabsicht der Hagiographen zu ermitteln, ist neben anderem auf die literarischen Gattungen zu achten. Denn die

Wahrheit wird je anders dargelegt und ausgedrückt in Texten von in verschiedenem Sinn geschichtlicher, prophetischer oder dichterischer Art, oder in anderen Redegattungen. Weiterhin hat der Erklärer nach dem Sinn zu forschen, wie ihn aus einer gegebenen Situation heraus der Hagiograph den Bedingungen seiner Zeit und Kultur entsprechend – mit Hilfe der damals üblichen literarischen Gattungen – hat ausdrücken wollen und wirklich zum Ausdruck gebracht hat. Will man richtig verstehen, was der heilige Verfasser in seiner Schrift aussagen wollte, so muß man schließlich genau auf die vorgegebenen umweltbedingten Denk-, Sprach- und Erzählformen achten, die zur Zeit des Verfassers herrschten, wie auf die Formen, die damals im menschlichen Alltagsverkehr üblich waren.
Da die Heilige Schrift in dem Geist gelesen und ausgelegt werden muß, in dem sie geschrieben wurde, erfordert die rechte Ermittlung des Sinns der heiligen Texte, daß man mit nicht geringerer Sorgfalt auf den Inhalt und die Einheit der ganzen Schrift achtet, unter Berücksichtigung der lebendigen Überlieferung der Gesamtkirche und der Analogie des Glaubens. Aufgabe der Exegese ist es, nach diesen Regeln auf eine tiefere Erfassung und Auslegung des Sinnes der Heiligen Schrift hinzuarbeiten, damit so gleichsam aufgrund wissenschaftlicher Vorarbeit das Urteil der Kirche reift. Alles, was die Art der Schrifterklärung betrifft, untersteht letztlich dem Urteil der Kirche, deren gottgegebener Auftrag und Dienst es ist, das Wort Gottes zu bewahren und auszulegen. [. . .]

Aus: *Zweites Vatikanisches Konzil,* Dogmatische Konstitution über die göttliche Offenbarung, Artikel 11f.

53 Wenn die Kirche von Gott selbst gestiftet ist durch seinen Geist in Jesus Christus – wenn die *Ur*kirche noch einmal als Norm für alle künftige Kirche in einer qualitativ einmaligen Weise Gegenstand göttlichen Wirkens auch im Unterschied zur Bewahrung der Kirche im Lauf der Geschichte ist – wenn die Schrift ein konstitutives Element dieser Urkirche als Norm der künftigen Zeiten ist, dann ist damit (positiv und abgrenzend zugleich) schon in genügender Weise gesagt, daß Gott der Urheber der Schriften ist, sie »inspiriert« hat, ohne daß an *dieser* Stelle eine besondere psychologische Inspirationstheorie zu Hilfe gerufen werden kann. Es kann vielmehr das faktische Entstehen

der Schriften unbefangen so zur Kenntnis genommen werden, wie es sich aus der sehr verschiedenen Eigenart der einzelnen Schriften für den unbefangenen Beobachter ergibt. Die menschlichen Verfasser der heiligen Schriften arbeiten genauso, wie sonstige menschliche Verfasser; sie brauchen nicht einmal reflex etwas von ihrer Inspiriertheit zu wissen. Wenn Gott mit einem absoluten, formal praedefinierenden heilsgeschichtlichen und eschatologischen Willen die Urkirche als indefektibles Zeichen des Heiles für alle Zeiten will und somit mit diesem ganz bestimmten Willen all das will, was für diese Kirche konstitutiv ist (also auch u. a. und in vorzüglicher Weise die Schrift), dann ist er inspirierender auctor der Schrift, auch wenn die Schriftinspiration »nur« ein Moment an der Kirchenurheberschaft Gottes ist.

Aus: *Karl Rahner,* Grundkurs des Glaubens, Verlag Herder, Freiburg u. a. [10]1978, 362f.

54 Schon im Alten Bunde wirkte der Geist wie der Lebensdrang, die Wärme, die alles beseelt. Er ist in den Ereignissen. Er läßt die Worte sprechen. Er läßt die Schriften entstehen. Das Buch, das wir in die Hände nehmen, das Alte Testament, ist durch den Heiligen Geist entstanden.

Dies darf man allerdings nicht so verstehen, als ob der Geist die Schriften den Autoren diktiert hätte oder als ob er ihnen die Gedanken, abgesondert von dem Leben und dem Glauben des Volkes, eingeflüstert hätte. Mit eigenem Stil und eigener Persönlichkeit in ihrer zeitgebundenen Sicht geben die biblischen Autoren den Glauben Israels wieder. Die Entstehungszeiten der heiligen Bücher sind herausgehobene Momente im *Ganzen* eines geisterfüllten Geschehens. Die Tatsache der Inspiration darf man nicht von der Wirkung des Geistes im Ganzen des Phänomens Israel trennen.

Soll damit gesagt sein, daß die Schrift zum Teil von den Menschen und zum Teil vom Geiste Gottes ist? Nein, sie ist als Ganzes von den Menschen und als Ganzes vom Geiste Gottes, so wie etwa die Musik ganz dem Klavier und ganz dem Pianisten zuzuschreiben ist. Wenn der Geist Gottes wirkt, wird der Mensch nicht ausgeschaltet, sondern kommt zu sich selbst.

Dies alles gilt auch für die Schriften des Neuen Testamentes . . .

Aus: *Glaubensverkündigung für Erwachsene*. Dt. Ausg. des Holländischen Katechismus. Verlag Dekker & Van de Vegt, Nijmegen/Utrecht 1968, 70f.

6.3.2 Die Tradition

Der Umgang systematischer Theologie mit der Tradition wird wieder zunächst an Texten zu den oben *(Kapitel 6.2* und *6.3.1)* schon angesprochenen Problemkreisen Christologie und Eucharistietheologie illustriert.

• *Erstes Beispiel: Christologie*

Das Glaubensbekenntnis des *Konzils von Chalkedon* (451) gehört zu den klassischen Texten kirchlicher Christologie. Zu seinem Verständnis sei, wenn auch sehr verkürzt, das in den ersten christlichen Jahrhunderten vor allem diskutierte christologische Problem angedeutet: Gehört Jesus Christus zur Welt Gottes – oder zur Welt der Menschen? Im Hintergrund steht die für den religiösen Menschen höchst bedeutsame Frage: Wie nah (wie fern) ist Gott den Menschen? Gegenüber einer Christologie, die Jesus Christus ausschließlich der geschaffenen Welt zurechnet, hat das Konzil von Nikaia (325) Jesus Christus als den Sohn Gottes, »wesensgleich dem Vater«, betont (vgl. NR 155f.; DS 125f.). Gegenüber einer extremen Christologie »von oben«, welche ausschließlich die Göttlichkeit Christi herausstellte (der Sohn Gottes besitze keine menschliche, sondern nur eine göttliche »Natur«), vertrat das Konzil von Chalkedon die Formel »wesensgleich auch uns« und stellte sie neben die überlieferte Formel von Nikaia. Die auf diese Weise entstandenen dialektischen Formulierungen (»wahrer Gott – wahrer Mensch«; »wesensgleich dem Vater« – »wesensgleich auch uns«; »eine Person – zwei Naturen«; »unvermischt – ungetrennt« . . .) wurden zu klassischen Formeln der Christologie. In ihnen drückt sich der Glaube an die Verbundenheit Jesu mit Gott und an seine Verbundenheit mit den Menschen aus – und damit der Glaube an die durch Jesus Christus gegebene Verbundenheit zwischen Gott und Menschheit überhaupt. Als eine Zusammenfassung dieser Formel kann der in der Theologie oft gebrauchte Begriff der »hypostatischen Union« gelten. Er will sagen, daß in *einer* »Hypostase« (Person) *zwei* »Naturen« (Gottheit und Menschheit) vereint sind.

Karl Rahner legt in *Text 56* einen »Neuansatz« heutiger Christologie vor und reflektiert in seinem zweiten Text *(Text 57)* die theologische Berechtigung solcher Neuansätze. In den letzten Satz des zweiten Textes von Rahner ist nochmals eine »Neuformulierung« eingeflossen. Außerdem enthält er auch eine Anspielung auf eine ähnliche Diskussion in der Eucharistietheologie (vgl. dazu die *Texte 47f.* und *59*). Dabei fällt auf, daß sich Rahner sowohl der Tradition verpflichtet als auch zu neuen Formulierungsversuchen herausgefordert weiß.

– Beim Vergleich des ersten Textes von Karl Rahner mit dem von Chalkedon wird man danach suchen, wieviel von dieser doppelten

Verpflichtung sichtbar wird. Ist die »alte Lehre« in den »Neuansätzen« noch erkennbar? Inwieweit könnte der Neuansatz, wie Rahner es fordert, »für das Glaubensverständnis eines Menschen von heute dienlich« sein?

- Nach Rahner kann man die in Christus gegebene Einheit von Gott und Mensch einerseits mit »psychologischen«, »moralischen« Kategorien, andererseits mit »ontologischen« Kategorien beschreiben. (»Ontologie« meint die klassische philosophische Lehre von den Seinsordnungen. In ihr kommen Begriffe wie »Wesen«, »Substanz«, »Natur« vor.) In welchem Text finden wir mehr die einen, in welchem mehr die anderen Kategorien?

55 Folgend also den heiligen Vätern, lehren wir alle einstimmig, daß der Sohn, unser Herr Jesus Christus, ein und derselbe sei. Der eine und selbe ist vollkommen der Gottheit und vollkommen der Menschheit nach, wahrer Gott und wahrer Mensch, bestehend aus einer vernünftigen Seele und dem Leibe. Der eine und selbe ist wesensgleich dem Vater der Gottheit nach und wesensgleich auch uns seiner Menschheit nach, »er ist uns in allem ähnlich geworden, die Sünde ausgenommen« (Hebr 4,15). Vor aller Zeit wurde er aus dem Vater gezeugt seiner Gottheit nach, in den letzten Tagen aber wurde derselbe für uns und um unseres Heiles willen aus Maria, der Jungfrau, der Gottesgebärerin, der Menschheit nach geboren: Wir bekennen einen und denselben Christus, den Sohn, den Herrn, den Einziggeborenen, der in zwei Naturen unvermischt, unverwandelt, ungetrennt und ungesondert besteht. Niemals wird der Unterschied der Naturen wegen der Einigung aufgehoben, es wird vielmehr die Eigentümlichkeit einer jeden Natur bewahrt, indem beide in eine Person und Hypostase zusammenkommen. Wir bekennen nicht einen in zwei Personen getrennten und zerrissenen, sondern *einen* und denselben einziggeborenen Sohn, das göttliche Wort, den Herrn Jesus Christus, wie schon die Propheten es vor ihm verkündet und der Herr Jesus Christus selbst es uns gelehrt und das Glaubensbekenntnis der Väter es uns überliefert hat. Da wir nun diese Entscheidung mit großer, allseitiger Umsicht und Genauigkeit verfaßt haben, so beschloß die heilige und allgemeine Kirchenversammlung, daß niemand einen anderen Glauben vortragen oder niederschreiben, verfassen, hegen oder andere lehren dürfe.

Aus dem Lehrentscheid des *Konzils von Chalkedon* gegen die Monophysiten (NR 178; vgl. DS 301ff.).

56 Jesus ist ein Mensch, der liebt, der getreu ist, der dient und vor seinem Todesschicksal nicht ausweicht – weder innerlich noch äußerlich –, der in seinem Tod die letzte Gottverlassenheit erfährt und sich eben darin selbst und sein Schicksal in die Hände des Vaters legt.
Wir nun glauben, daß der Abgrund des Todes, in dem er verschlungen wurde, die selige Fülle des Lebens Gottes ist; daß er lebt und seine scheiternde Geschichte von Gott angenommen und bestätigt wurde, daß sie jetzt für ewig gültig bleibt und daß er der Auferstandene ist. Dieses gerettete Schicksal Jesu erfahren wir als eine Antwort Gottes an uns, die wir die durch uns selbst nicht beantwortete, absolute Frage sind; als Antwort an uns, weil Jesus sich selbst mit uns identifiziert hat bis zum letzten und weil umgekehrt wir gar nicht anders können, als im Schicksal des Nächsten unser eigenes Geschick zu erblicken. Sonst wären wir nur isolierte Monaden, aber keine Menschen, die sich selber nur im anderen liebend finden können.
Diese Antwort ist Jesus für uns als der Tote und Auferstandene; sie bleibt das unüberholbare und unwiderrufbare Wort Gottes an uns.

Aus: *Karl Rahner,* Christologie heute?, in: *Ders.,* Schriften zur Theologie, Bd. XII, Benziger Verlag, Zürich u. a. 1975, 353–369, hier 362f.

57 Wenn man nun wirklich nicht sagen kann, daß der Begriff der hypostatischen Union ein durch sich selbst einleuchtender Begriff des alltäglichen Lebens ist, dann *muß* er erklärt werden, und es muß damit gerechnet werden, daß auf einen solchen Erklärungsversuch hin sich neue Fragen und Verdeutlichungswünsche anmelden. Man kann nicht sagen, daß die Geschichte der Christologie, die es zweifellos gegeben hat, heute einfach am Ende sei (bloß weil einigen Theologen dazu nichts mehr einfällt).
Muß diese Geschichte aber weitergehen, dann müssen neue Formulierungsversuche versucht werden. Und diese müssen gewiß an der Schrift, an den Definitionen der Konzilien, am Glaubensverständnis der Kirche überhaupt gemessen und geprüft werden. Aber sie müssen sich auch fragen lassen, ob sie wirklich für das Glaubensverständnis eines Menschen von heute mit seinem Verstehenshorizont dienlich sind. Es ist ja nicht von vornherein gesagt, daß, wenn dieser oder jener Theologe den

Eindruck hat, eine neue Formulierung hole die alte verpflichtende Wahrheit der Christologie nicht ein, er mit seinem Eindruck sicher recht hat. (Pius X. hatte den Eindruck, daß die Annahme eines Jahvisten mit der verpflichtenden Kirchenlehre nicht vereinbar sei, Johannes Paul II. hat diesen Eindruck nicht mehr.) – Wer zum Beispiel der Überzeugung ist, daß die Einheit zweier Liebenden eine realere, wirklichkeitsvollere Einheit ist als die Einheit einer Tischplatte und eines Tischbeines oder die Einheit zweier Moleküle in der Einheit eines Brotes (das sich das Tridentinum als eine Substanz denkt), dem kann unter dieser Voraussetzung nicht von vornherein verboten werden, diese Einheit in Christus mit »psychologischen«, »moralischen« Kategorien zu beschreiben (vorausgesetzt, daß er die Einmaligkeit und Inkommensurabilität dieser Einheit dabei nicht aus dem Auge verliert) und dabei der Meinung zu sein, diese Einheit radikaler ausgesagt zu haben, als wenn er sie in »ontologischeren« Begriffen auszusagen versucht; in Begriffen, die er dann doch (wenn auch ungewollt) sich mit Anschauungsmodellen der Physik klarmacht. [. . .]
Es gibt eine Aufstiegschristologie (vom Menschen Jesus her), die bei der klassischen Abstiegschristologie (Gott wird Mensch) ankommt. Damit wird auch verständlich, wie und warum ein scheinbar harmloses Verhältnis des unbedingten Vertrauens zu Jesus die klassische Christologie restlos implizieren kann, ein Verhältnis, das dem normalen Christen, der kein Fachtheologe ist, durchaus möglich ist und zugemutet werden kann. Für einen solchen Christen ist es zwar wünschenswert und, wenn er gebildet ist, zumutbar, daß er eine gewisse Kenntnis von den Formulierungen der klassischen Christologie hat. Aber wenn er sich dabei schwertut und eine gewisse metaphysische Überanstrengung empfindet, braucht er sich nicht für einen schlechten Christen zu halten, dessen Orthodoxie bezweifelt werden müßte. Wenn er vertraut: in Jesus von Nazaret, seinem Leben, seiner Lehre, seinem abgründigen Tod, seinem Sieg (Auferstehung genannt) hat Gott sich selbst, seine Vergebung, sein eigenes Leben über alle endliche Vollendung hinaus mir zugesagt; wenn er glaubt, diese Zusage ist von Gott her unbedingt, irreversibel, endgültig, wird von keiner anderen, neuen Zeit mehr abgelöst und überboten und kann auch als das letzte Wort Gottes nicht mehr überboten werden – wenn ein Christ sich unbefangen

glaubend darauf einläßt, diese unüberbietbare Hoffnung gültiger sein läßt als alle Zweifel, Skeptizismen und Vorbehalte, dann ist er ein orthodoxer Christ; er realisiert die klassische Christologie existentiell; er findet und nimmt Jesus wirklich, richtig verstanden, als sein Heil an.

Aus: *Karl Rahner,* Was heißt Jesus lieben? Verlag Herder, Freiburg u. a. 1982, 49ff. und 95f.

● *Zweites Beispiel: Eucharistietheologie*

Die Texte von Alexander Gerken und Paul VI. *(Text 47* und *48)* führten zu der Frage, wie man heute verständlich und gleichzeitig der Tradition treu über die Gegenwart Christi in der Eucharistie reden könne, insbesondere, wie verpflichtend (und wie brauchbar) der im Konzil von Trient kirchenamtlich gebrauchte Begriff »Transsubstantiation« sei. Im folgenden findet man den einschlägigen Text des *Konzils von Trient* (1545–1563) sowie Überlegungen des Dogmatikers und Bischofs von Speyer (heute Erzbischof von München und Freising) *Friedrich Wetter* über die heutige Problematik des Transsubstantiationsbegriffs und über die Aufgabe des Theologen angesichts solcher Problematik. Der Text bezieht sich unmittelbar auf die Enzyklika Pauls VI. und enthält wie diese auch allgemeine Überlegungen zum Umgang des Theologen mit der Tradition.

- Was ergibt sich, wenn man Wetter folgt, für die heutige Eucharistietheologie?
- Wie verhalten sich seine Vorstellungen von einer Verarbeitung der Tradition zu der Mahnung Pauls VI. im letzten Abschnitt seines Textes? Wie verhalten sie sich zu den weiter unten abgedruckten Äußerungen von Theodor Schneider über den geschichtlichen Wandel des Glaubens *(Text 63)?*

58 Da aber Christus, unser Erlöser, von dem, was er unter der Gestalt des Brotes darreichte, aussagte, es sei wirklich sein Leib, so war es stets Überzeugung in der Kirche Gottes, und diese heilige Kirchenversammlung erklärt aufs neue: Durch die Weihe von Brot und Wein vollzieht sich die Wandlung der ganzen Brotsubstanz in die Substanz des Leibes Christi, unseres Herrn, und der ganzen Weinsubstanz in die Substanz seines Blutes. Und diese Wandlung ist von der katholischen Kirche zutreffend und im eigentlichen Sinn Wesensverwandlung *(transsubstantiatio)* genannt worden.

Aus dem Lehrentscheid des *Konzils von Trient* über die heilige Eucharistie (NR 572; vgl. DS 1642).

59 Dieser deutlichen Forderung des Papstes steht aber das ebenso eindeutige Faktum gegenüber, daß der Ausdruck Transsubstantiation heute bei den Menschen, soweit sie sich über die Geheimnisse des Glaubens Gedanken machen, auf ganz erhebliche Schwierigkeiten stößt. Diese Schwierigkeiten haben ihren Grund nicht einfach in einer Glaubensschwäche, sondern sie kommen aus dem Denken des modernen, von der Naturwissenschaft geprägten Menschen. Dieser Mensch versteht unter Substanz etwas anderes als das, was frühere Generationen mit Substanz meinten; er versteht unter Substanz eine physikalische Größe. Otto Semmelroth schreibt hierzu: »Der Mensch von heute, auch der wissenschaftlich, das heißt aber naturwissenschaftlich Gebildete, begreift mit Substanz das, was man sehen und greifen, zusammensetzen oder zerbrechen, modellieren und gestalten kann. Es ist also eigentlich sehr viel mehr gerade das, was die Alten nicht meinten, wenn sie die Substanz von den Akzidenzien unterschieden. Vom heutigen naturwissenschaftlichen Denken her hieße eine Verwandlung der Substanz, daß das gewandelt wird, was nach dem katholischen Eucharistieglauben eben nicht gewandelt wird, das nämlich, was in Erscheinung tritt und greifbar ist.« Wenn wir einem Menschen mit diesem neuzeitlichen Verständnis von Substanz sagen, die eucharistische Wandlung geschehe in der Weise einer Verwandlung der Substanz, so kommt der Betreffende zu einer Auffassung, die objektiv gesehen als Irrlehre zu bezeichnen ist. Denn was er unter Substanz versteht, ändert sich bei der eucharistischen Wandlung gerade nicht.
Welchen Sinn hat dann aber die lehramtliche Mahnung des Papstes, die Formel Transsubstantiation nicht aufzugeben? Der Sinn dieser Mahnung läßt sich leicht an einem Vergleich anschaulich machen. Wenn jemand einen Text aus einer Sprache in eine andere Sprache zu übersetzen hat, ist dies nur möglich, wenn er die Ursprache versteht, und zwar so gut, daß er in den Worten und Formulierungen die Gedanken des Verfassers erfaßt. Erst dann ist eine richtige, sachgemäße Übersetzung in die andere Sprache denkbar. Die Aufgabe, vor der die Theologie steht, gleicht der Aufgabe des Übersetzers. Sie soll das Glaubensgut, das ihr durch die Überlieferung aus der Vergangenheit zukommt, in die Sprache und Denkweise der jeweiligen Zeit übersetzen. Diese Aufgabe kann sie nur leisten, wenn sie um den Glauben der

vergangenen Zeiten weiß. Der Theologe muß sich demnach hineindenken in den Glauben und in das Glaubensverständnis der Vergangenheit bis hin zu der ersten Generation, deren Glaube im Neuen Testament seinen normierenden Niederschlag gefunden hat. Von daher muß er dann in einem weiteren Arbeitsgang das Erfaßte übersetzen in das Denken und in die Sprache der Menschen, an die er sich heute wendet. Wie der Übersetzer wenigstens zwei Sprachen beherrschen muß, so muß der Theologe in mehreren Denkweisen zu denken verstehen, etwa in der Denkweise der Heiligen Schrift, in der des Konzils von Trient und in der des Menschen von heute. Die Kirche hat ihren Glauben an die eucharistische Gegenwart Christi und die Weise der Vergegenwärtigung in definitorischer und insofern auch endgültiger Weise auf dem Konzil von Trient ausgesprochen. Die heutige Verkündigung und die heutige Theologie können daher nicht an Trient vorbeigehen. Wir haben dasselbe zu verkünden, was in Trient ein für allemal definiert worden ist, allerdings müssen wir den definierten Glaubensinhalt in einer Weise zur Sprache bringen, die der Mensch von heute verstehen kann. Das ist jedoch nur möglich, wenn wir den Glauben von Trient erfassen. Zu diesem Glauben haben wir Zugang nur durch die Formulierung, in der er uns überliefert ist. Als notwendiges Medium, den in Trient definierten Glauben der Kirche zu erkennen, den auch wir verkünden müssen, ist die Formel Transsubstantiation für die heutige Theologie unaufgebbar. Darin scheint der eigentliche Sinn der angeführten päpstlichen Mahnung zu liegen.

Aus: *Friedrich Wetter,* Die eucharistische Gegenwart des Herrn, in: *Hermann Volk/Friedrich Wetter,* Geheimnis des Glaubens, Matthias-Grünewald-Verlag, Mainz 1968, 9–35, hier 17ff.

● *Zur Reflexion über die Tradition als Argumentationsquelle*

»Tradition« meint »Überlieferung«, und zwar in doppeltem Sinne: den überlieferten Glaubens*inhalt* (das Überlieferte, das Tradierte) und den *Prozeß* der Glaubensüberlieferung (das Überliefern, das Tradieren).

In der katholischen Theologie gilt außer der Schrift auch die Tradition als Glaubensquelle. Früher, als katholische und evangelische Theologie stark durch die Abgrenzung voneinander bestimmt waren, stellte man dem reformatorischen Prinzip »sola scriptura« (»allein die Schrift«) katholischerseits das Prinzip »Schrift und Tradition« gegenüber.

Das Verhältnis zwischen Schrift und Tradition wird allerdings auch innerkatholisch nicht einheitlich bestimmt. Während man sich früher

Schrift und Tradition eher als zwei Quellen nebeneinander vorstellte, versteht man heute die Tradition eher als den Rahmen, in welchem die Schrift entstand, überliefert und interpretiert wurde – und auch heute noch wird.
Auch hinsichtlich dessen, was die Tradition inhaltlich ausmacht, gibt es unterschiedliche Akzentuierungen. Die einen haben mehr die einzelnen Formulierungen der Tradition (z. B. die christologischen Sätze von Chalkedon oder die Aussagen des Trienter Konzils über die eucharistische Wandlung) im Blick, sie sprechen gern vom *»depositum fidei«* (dem »Glaubensgut« der Kirche); die anderen sehen mehr die geschichtliche Entwicklung, die Kontinuität im Wandel, sie sprechen von der Tradition als unabgeschlossenem Prozeß.

- Es lohnt sich, auf diesen Akzentunterschied hin die folgenden *drei Konzilstexte* miteinander zu vergleichen. (Vgl. auch den in *Kapitel 6.3.1* wiedergegebenen Text des Ersten Vatikanischen Konzils, *Text 51*, bes. dessen ersten Satz.)
- Gleichzeitig kann man beim vergleichenden Studium darauf achten, wie jeweils das Verhältnis von Schrift und Tradition gesehen wird.
- Wenn sich bei diesem Vergleich ergibt, daß die kirchlichen Aussagen über die Tradition selbst noch einmal eine Geschichte haben, was ergibt sich dann daraus für das Verständnis von Tradition?

In dem Text des Ersten Vatikanischen Konzils bedürfen zwei Begriffe wohl einer Erklärung: Mit »göttlichem Glauben« *(»fides divina«)* meint das Konzil den Glauben, den man Gott schenkt, mit »katholischem Glauben« *(»fides catholica«)* den Glauben, den man darüber hinaus noch der (katholischen) Kirche schenkt.

- Nochmals neue Gesichtspunkte kommen ins Spiel, wenn man die Konzilstexte mit *Text 63* von *Theodor Schneider* konfrontiert.

60 Die heilige, allgemeine und umfassende Kirchenversammlung von Trient [. . .] hat sich stets das Ziel vor Augen gestellt, die Irrtümer auszurotten und die Reinheit des Evangeliums in der Kirche zu bewahren.
Durch die Propheten wurde dieses Evangelium einst in den heiligen Schriften verheißen, unser Herr Jesus Christus, Gottes Sohn, hat es mit eigenem Munde zuerst verkündet, durch seine Apostel ließ er es dann als Quelle aller heilbringenden Wahrheit und sittlichen Ordnung jeglicher Kreatur predigen.
Die heilige Kirchenversammlung weiß, daß diese Wahrheit und Ordnung enthalten ist in geschriebenen Büchern und ungeschriebenen Überlieferungen, die die Apostel aus Christi Mund empfangen haben oder die von den Aposteln selbst auf Eingebung des

Heiligen Geistes gleichsam von Hand zu Hand weitergegeben wurden und so bis auf uns gekommen sind.

Aus: *Konzil von Trient,* Dekret über die Annahme der heiligen Schriften und der Überlieferungen (NR 87; vgl. DS 1501).

61 [. . .] Mit göttlichem und katholischem Glauben ist also das zu glauben, was im geschriebenen oder überlieferten Wort Gottes enthalten ist und von der Kirche in feierlichem Entscheid oder durch gewöhnliche allgemeine Lehrverkündigung als von Gott geoffenbart zu glauben vorgelegt wird.

Aus: *Erstes Vatikanisches Konzil,* Lehrentscheid über den katholischen Glauben, 3. Kapitel: Der Glaube (NR 97; vgl. DS 3011).

62 *Begriffsbestimmung der Überlieferung*

8. Daher mußte die apostolische Predigt, die in den inspirierten Büchern besonders deutlich Ausdruck gefunden hat, in ununterbrochener Folge bis zur Vollendung der Zeiten bewahrt werden. Wenn die Apostel das, was auch sie empfangen haben, überliefern, mahnen sie die Gläubigen, die Überlieferungen, die sie in mündlicher Rede oder durch einen Brief gelernt haben (vgl. 2 Thess 2,15), festzuhalten und für den Glauben zu kämpfen, der ihnen ein für allemal überliefert wurde (vgl. Jud 3). Was von den Aposteln überliefert wurde, umfaßt alles, was dem Volk Gottes hilft, ein heiliges Leben zu führen und den Glauben zu mehren. So führt die Kirche in Lehre, Leben und Kult durch die Zeiten weiter und übermittelt allen Geschlechtern alles, was sie selber ist, was sie glaubt.

Dogmenentwicklung

Diese apostolische Überlieferung kennt in der Kirche unter dem Beistand des Heiligen Geistes einen Fortschritt: es wächst das Verständnis der überlieferten Dinge und Worte durch das Nachsinnen und Studium der Gläubigen, die sie in ihrem Herzen erwägen (vgl. Lk 2,19.51), durch innere Einsicht, die aus geistlicher Erfahrung stammt, durch die Verkündigung derer, die mit der Nachfolge im Bischofsamt das sichere Charisma der Wahrheit empfangen haben; denn die Kirche strebt im Gang der Jahrhunderte ständig der Fülle der göttlichen Wahrheit entgegen, bis an ihr sich Gottes Worte erfüllen.

Die Aussagen der heiligen Väter bezeugen die lebenspendende Gegenwart dieser Überlieferung, deren Reichtümer sich in Tun und Leben der glaubenden und betenden Kirche ergießen. Durch dieselbe Überlieferung wird der Kirche der vollständige Kanon der heiligen Bücher bekannt, in ihr werden die heiligen Schriften selbst tiefer verstanden und unaufhörlich wirksam gemacht. So ist Gott, der einst gesprochen hat, ohne Unterlaß im Gespräch mit der Braut seines geliebten Sohnes, und der Heilige Geist, durch den die lebendige Stimme des Evangeliums in der Kirche und durch sie in der Welt widerhallt, führt die Gläubigen in alle Wahrheit ein und läßt das Wort Christi in Überfülle unter ihnen wohnen (vgl. Kol 3,16).

Einheit von Schrift, Überlieferung und Lehramt
9. Die heilige Überlieferung und die Heilige Schrift sind eng miteinander verbunden und haben aneinander Anteil. Demselben göttlichen Quell entspringend, fließen beide gewissermaßen in eins zusammen und streben demselben Ziel zu. Denn die Heilige Schrift ist Gottes Rede, insofern sie unter dem Anhauch des Heiligen Geistes schriftlich aufgezeichnet wurde. Die heilige Überlieferung aber gibt das Wort Gottes, das von Christus, dem Herrn, und vom Heiligen Geist den Aposteln anvertraut wurde, unversehrt an deren Nachfolger weiter, damit sie es unter der erleuchtenden Führung des Geistes der Wahrheit in ihrer Verkündigung treu bewahren, erklären und ausbreiten. So ergibt sich, daß die Kirche ihre Gewißheit über alles Geoffenbarte nicht aus der Heiligen Schrift allein schöpft. Daher sollen beide mit gleicher Liebe und Achtung angenommen und verehrt werden.
Aus: *Zweites Vatikanisches Konzil,* Dogmatische Konstitution über die göttliche Offenbarung, Artikel 8f.

63 Im christlichen Glauben geht es – vereinfachend gesagt – nicht um ein Etwas, sondern um einen Jemand; entscheidend ist nicht der Kontakt mit einer Lehre, sondern der mit einer Person: Christentum ist Gemeinschaft mit Jesus Christus, der gestorben ist für uns, aber nicht im Tode blieb, der nun erhöht ist beim Vater, lebt, für uns lebt, mit uns lebt, in uns lebt durch seinen Heiligen Geist. Ein persönlicher Kontakt mit einem Gegenüber entsteht aber nicht schon dadurch, daß ich bestimmte Sätze über ihn weitersage. Ich muß eine persönliche Bekanntschaft mit ihm machen und aufgrund meiner Interessen und Veranlagungen mit ihm ins Gespräch kommen. Bezogen auf die

Begegnung mit Christus, wie sie uns durch das lebendige Evangelium der Kirche vermittelt werden soll, heißt das: Jedes Jahrhundert und auch jeder Mensch muß all das Seine mit ins Spiel bringen, wenn eine echte Gemeinschaft mit Christus zustande kommen soll. Genau da liegt der Grund für den starken geschichtlichen Wechsel und Wandel in den Formen des Glaubensvollzugs. Wenn ich heute andere Fragen, andere Schwierigkeiten, eine andere Lebensweise und andere Aufgaben habe als ein Mensch des 13. Jahrhunderts und auch mir Christus der helfende, lösende, rettende Weggefährte sein soll (wie dem Bauern des 13. Jahrhunderts), dann muß meine Gläubigkeit in vielem ein anderes Gesicht haben. Alle Erkenntnis und besonders jede Personerkenntnis und Personbeziehung ist immer entscheidend mitgeprägt von dem Interesse, der Ausgangslage, der Weite, der Fassungskraft des Erkennenden und Verstehenden. Wenn wir die gläubige Erfahrung, welche die Generationen vor uns mit Christus und seiner Botschaft gemacht haben, auch für uns selbst und für unsere Zeit nachvollziehen wollen, wenn wir den bleibenden Anruf Christi im Evangelium wirklich in uns aufnehmen wollen, dann wird unser Glaubensvollzug und unser Gottesdienst notwendig eine andere Gestalt haben als in früheren Generationen. Wir sollten uns in diesem Punkt von aller falschen Furcht befreien. Veränderung heißt hier gewiß nicht Veruntreuung, Veränderung ist vielmehr zunächst das Zeichen dafür, daß wir uns den stetigen, fortdauernden Anruf Christi neu anzueignen versuchen, daß wir den bleibenden und normgebenden Auftrag neu mit unserer eigenen Welt verbinden.

Aus: *Theodor Schneider,* Gewandeltes Eucharistieverhältnis?, in: Deinen Tod verkünden wir. Gesammelte Studien zum erneuerten Eucharistieverständnis, Patmos Verlag, Düsseldorf 1980, 111–142, hier 123.

Zum Umgang mit Dogmen

Nicht alle Elemente der kirchlichen Tradition haben für den Theologen (wie überhaupt für den in der Kirche Glaubenden) die gleiche Verbindlichkeit. Lehramtliche Entscheidungen von höchster Verbindlichkeit nennt man *Dogmen*. Als Dogma im engeren Sinne gilt eine satzhafte Aussage, die

- die Offenbarung Gottes auslegt,
- durch Konzil oder Papst (oder beide zusammen) in Ausübung ihrer höchsten Lehrautorität verkündet (beim Papst spricht man von »Excathedra«-Entscheidungen) und

– ausdrücklich als für die ganze Kirche verbindlich erklärt wurde. In einem weiteren Sinne gilt auch das als Dogma, was durch die ständige allgemeine Verkündigung der Kirche als von Gott geoffenbart gelehrt wird.

So klar der Dogmenbegriff auch zu sein scheint, so verbinden sich mit ihm doch grundsätzliche und praktische Probleme:
- Interpretiert das Dogma die Bibel – oder ist umgekehrt das Dogma von der Bibel her zu interpretieren? (Diese Frage gilt auch allgemein für das Verhältnis von Schrift und Tradition.) Wie könnte eine Verhältnisbestimmung zwischen Schrift und Dogma aussehen, die beiden Blickrichtungen gerecht zu werden sucht?
- Kann etwas Inhalt eines Dogmas werden, was nicht schon in der Schrift enthalten ist?
- Auch Dogmen entstehen in geschichtlichen Situationen: Oft tragen sie die Spuren bestimmter historischer Auseinandersetzungen. Sie können entsprechend einseitig sein. Von daher sind sie übersetzungs- und in gewissem Sinne korrekturbedürftig. Wieweit können Übersetzung und Korrektur gehen, wenn das Dogma verbindliche Glaubensaussage bleiben soll?
- Wie verträgt sich der Anspruch auf Verbindlichkeit der Dogmen mit der Aussage des Zweiten Vatikanischen Konzils, es gebe einen »Fortschritt« der Überlieferung (vgl. oben *Text 62*)?

- Auf diese Fragen hin kann man die beiden folgenden Texte durchsehen. *Walter Kasper* macht mehr grundsätzliche Aussagen über das Verhältnis von Dogma und Schrift. In dem als Einführung in das Studium der katholischen Theologie gedachten »Leitfaden Theologie« von *Joseph Wohlmuth* und *Hans Georg Koch* geht es mehr um den praktischen Umgang des heutigen Theologen mit dem Dogma.

64 Das Dogma führt im Grunde nur mit anderen Mitteln und unter anderen Umständen den ständigen Interpretations- und Redaktionsprozeß fort, der zur Bildung der heutigen biblischen Schriften und des Kanons der Schriften im ganzen geführt hat. Das Dogma ist das Ergebnis eines geschichtlichen Hörens auf die Schrift; es stellt einen Konvergenzpunkt verschiedener Schriftzeugnisse dar, es bildet einen Horizont, unter dem die Schrift gelesen und befragt werden soll. Aber es ist ein Horizont, der im Prozeß des Verstehens mitwandert, der offen ist, sich erweitern kann, ohne daß er aufgegeben werden müßte. Diese Sicht der Dinge vermeidet jede eigenmächtige, die Geschichte im Grunde gewaltsam abschließen wollende und das Ende vorweg-

nehmende Reduktion auf einen Kanon im Kanon oder einen »fixen Dogmenbestand«. Sie wahrt die katholische Offenheit auf das Ganze des Schriftzeugnisses. Aber diese Katholizität ist Gabe und Aufgabe zugleich, sie ist stets im Werden durch viele Spannungen hindurch; erst eschatologisch werden die Linien, die sich jetzt zu schneiden scheinen, zusammenlaufen. Nichts berechtigt die Theologie, die Schwierigkeiten durch einen Gewaltakt selbst zu lösen. Auch für das Verhältnis von Dogma und Schrift gilt, daß der Glaube immer mit der Hoffnung verbunden sein muß.

Wenn sich die heutige Kirche bei ihrem Zeugnis für das Evangelium auf die Schrift beruft, dann tut sie das nicht, weil sie die zu bezeugende Sache in der Schrift unmittelbar greifbar hätte, sondern weil sich die gegenwärtige christliche Erfahrung im Umgang mit dem Evangelium daran bewähren muß, daß sie an der Erfahrung von damals verifiziert wird. Die »Sache der Schrift« bewährt sich aber daran, daß sie auch heute fähig ist, neue Zukunft zu eröffnen. In diesem geschichtlichen Prozeß ihrer Selbstverifikation stellt die Schrift erst heraus, welches ihre Wahrheit ist. Die Wahrheit des Evangeliums ist immer größer als das Zeugnis, das die Schrift vom Evangelium gibt: Damit ist Raum geschaffen für eine Dogmenentfaltung in der Kirche. So wenig die Schrift eine starre Grenze darstellt, so wenig darf aber auch das Dogma fixistisch mißverstanden werden; es soll nicht in einem quantitativen Sinn über die Schrift hinausführen, sondern in einem vertieften Sinn neu in die Schrift einführen, und damit erhält es von der Schrift her auch wieder seine Interpretation. Der Umgang der Kirche mit der Schrift ist ein innergeschichtlich nie abgeschlossener Prozeß.

Aus: *Walter Kasper,* Dogma unter dem Wort Gottes, Matthias-Grünewald-Verlag, Mainz 1965, 125f.

65 Thesen als Ansatz zu einem heute vertretbaren Dogmenbegriff

1. Der einzelne Christ hat das Recht, überkommene Glaubensaussagen der Kirche als Voraussetzung des eigenen Glaubens und Denkens kritisch zu hinterfragen.
2. Als Mitglied der Kirche nimmt jeder Christ am Glaubensbewußtsein der kirchlichen Gemeinschaft teil und muß auch seiner-

seits versuchen, seinen eigenen Glauben in das Glaubensbewußtsein der Kirche einzubringen.
3. Da ein Dogma eine Wahrheit der christlichen Offenbarung aussagen will, ist es im Zusammenhang der gesamten Glaubensüberlieferung zu befragen und zu interpretieren. Die Gesamtkirche erweist sich dabei als Überlieferungs- und Interpretationsgemeinschaft. Der Bibel kommt als »Urkunde« des Glaubens und als kanonischer Richtschnur im Überlieferungs- und Interpretationsverfahren ein besonderer Rang zu.
4. Voraussetzung eines gesamtkirchlichen Konsenses ist ein Verständigungsprozeß aller mit allen unter repressionsfreien Bedingungen.
5. Die ständige Frage nach Wahrheit ist mit dogmatischen Formeln nicht erledigt, sondern erst gestellt. Ob ein erreichter Konsens in der Kirche dem eigenen Wahrheitsanspruch gerecht wird, ist deshalb eine Frage, welche sich bei der Dogmeninterpretation an die gesamte christliche Überlieferung stellt. Insofern bleiben dogmatische Formulierungen nach rückwärts und in die Zukunft offen.
6. Für ein so großes und vielfältiges soziologisches Gebilde wie die Kirche sind verbindliche Glaubensformulierungen notwendig, um für die gegenseitige Verständigung Sprachregeln aufzustellen und die Kontinuität mit der Überlieferung zu wahren.
7. Da das Dogma wie die Bibel in einer bestimmten geschichtlichen Situation entstanden ist, ist es wie die Schrift historisch-kritisch zu untersuchen: Bedingtheit der Ausdrucksweise, Abhängigkeit des Autors bzw. der Autoren, Aussageabsicht etc.
8. Auch wenn eine Frage definitiv entschieden ist, heißt dies nicht, daß sie ein für allemal entschieden sein muß. Eine einmal entschiedene Frage ist allerdings unter gleichen Denkvoraussetzungen und Sprachbedingungen später nicht als falsch widerrufbar.
9. Das Dogma partizipiert einerseits an der Verheißung des Bleibens der Kirche in der Wahrheit, deren Konkretisierung es ist, andererseits an der Vorläufigkeit menschlicher Erkenntnis allgemein und an der eschatologischen »Tendenz« der christlichen Offenbarung sowie der Hoffnungsstruktur des christlichen Glaubens im besonderen.

Aus: *Joseph Wohlmuth, Hans Georg Koch,* Leitfaden Theologie. Eine Einführung in Arbeitstechniken, Methoden und Probleme der Theologie, Benziger Verlag, Zürich u. a. [2]1978, 145f.

Eine zusätzliche, in den vorangehenden Texten nicht angesprochene Schwierigkeit sei wenigstens noch kurz erwähnt: Wie kann man im einzelnen feststellen, welche lehramtlichen Entscheidungen den Rang eines Dogmas haben? Darüber gibt es nirgends eine verbindliche Liste. (In der Dokumentensammlung von *Neuner-Roos,* vgl. *Abkürzungen* S. 162, sind die unfehlbaren Lehräußerungen mit fettgedruckten Randzahlen markiert. Aber auch hier kann man im Einzelfall über die Entscheidung der Herausgeber streiten.) Im Zweifel wird man den Text selbst daraufhin prüfen müssen, ob auf ihn die oben genannten Wesensmerkmale des Dogmas zutreffen.

6.3.3 Dialog mit anderen Wissenschaften

Viele Gegenstände der Theologie sind zugleich Gegenstände anderer Wissenschaften, so z. B. die Entstehung der Welt und des Lebens sowie die Stellung des Menschen innerhalb der Welt des Lebendigen (»Evolution«/»Schöpfung«) oder die Fähigkeit des Menschen zu eigenverantwortlichem Handeln (»Freiheit«) einerseits und seine Abhängigkeit von ihm vorgegebenen Faktoren (»Gesellschaft«/»Erbsünde«) andererseits. Von daher ist die Theologie auf den Dialog mit den anderen Wissenschaften verwiesen, z. B. mit der Paläontologie, der Physik, der Biologie, der Soziologie, der Psychologie.
Im Laufe der Neuzeit schien es allerdings oft, als verliere der Glaube durch die Erkenntnisse (bzw. die Behauptungen) der profanen Wissenschaften an Boden. So kam es statt zum Dialog zum kämpferischen Konflikt. Das bekannteste und zugleich berüchtigteste Beispiel dafür ist der *Fall Galilei*. Er hat praktisch die ganze Neuzeit hindurch das Verhältnis zwischen Theologie und Kirche einerseits und Naturwissenschaft andererseits belastet. Ein Konfliktbeispiel aus neuerer Zeit ist die Auseinandersetzung um die *Evolutionstheorie*. Wie schwer sich Kirche und Theologie damit tun, zeigt z. B. die Enzyklika »Humani generis« aus dem Jahre 1950 (vgl. NR 332; DS 3896).

• In seiner Kölner Rede am 15. November 1980, dem 700. Todestag Alberts des Großen (Albert gilt als einer der größten Theologen des Mittelalters und gleichzeitig als ein Universalgelehrter seiner Zeit), kam Papst *Johannes Paul II*. auf die »berühmten Konflikte« der Vergangenheit zu sprechen und äußerte sich grundsätzlich zum Verhältnis von Glaube und Vernunft, wissenschaftlicher Erkenntnis und Glaubenswahrheit. In diesem Zusammenhang wird, wenigstens kurz, auch die Funktion der Theologie angesprochen.

- Welches Lösungsmuster wird in dieser Rede erkennbar?
- Welche Begriffe werden gegeneinandergesetzt?
- Welche neuen Probleme könnten aufgrund der hier getroffenen Unterscheidungen entstehen?
- Es wäre interessant, dieses Lösungsmuster zu vergleichen mit den Ausführungen von Walter Kasper *(Text 14)* und von Wolfgang Beinert *(Text 40)*. In welchem Verhältnis zueinander stehen dort »Glaube«, »Erfahrung«, »Vernunft«, »Wissenschaft«, »Theologie«? Besteht eine inhaltliche Spannung zwischen diesen drei Texten?

66 Zwischen einer Vernunft, welche durch ihre gottgegebene Natur auf Wahrheit angelegt und zur Erkenntnis der Wahrheit befähigt ist, und dem Glauben, der sich der gleichen göttlichen Quelle aller Wahrheit verdankt, kann es keinen grundsätzlichen Konflikt geben. Der Glaube bestätigt gerade das Eigenrecht der natürlichen Vernunft. Er setzt es voraus; denn seine Annahme setzt jene Freiheit voraus, die nur dem Vernunftwesen eigen ist. Damit zeigt sich zugleich, daß Glaube und Wissenschaft verschiedenen Erkenntnisordnungen zugehören, die nicht ineinander überführbar sind.

[...]

Viele sehen den Kern dieser Fragen im Verhältnis von Kirche und moderner Naturwissenschaft, und sie empfinden noch die Belastung durch jene berühmten Konflikte, die aus dem Eingriff kirchlicher Instanzen in den Prozeß wissenschaftlichen Erkenntnisfortschritts entstanden sind. Die Kirche erinnert sich daran mit Bedauern, denn wir wissen heute um die Irrtümer und Mängel dieser Verfahren. Wir können heute sagen, daß sie überwunden sind: Dank der Überzeugungskraft der Wissenschaft, dank vor allem der Arbeit einer wissenschaftlichen Theologie, welche das Glaubensverständnis vertieft und von Zeitgebundenem befreit hat. Das kirchliche Lehramt hat seit dem I. Vatikanischen Konzil mehrfach jene Grundsätze wieder in Erinnerung gerufen, zuletzt und ausdrücklich im II. Vaticanum (Gaudium et spes, Nr. 36), die schon in Alberts des Großen Werk erkennbar sind. Es hat ausdrücklich die Unterschiedlichkeit der Erkenntnisordnungen von Glaube und Vernunft ausgesprochen, es hat die Autonomie und Freiheit der Wissenschaften anerkannt und ist für die Freiheit

der Forschung eingetreten. Wir fürchten nicht, ja, wir halten es für ausgeschlossen, daß eine Wissenschaft, die sich auf Vernunftgründe stützt und methodisch gesichert fortschreitet, zu Erkenntnissen gelangt, die in Konflikt mit der Glaubenswahrheit kommen. Dies kann nur dort der Fall sein, wo die Unterschiedlichkeit der Erkenntnisordnungen übersehen oder verleugnet wird.
Diese Einsicht, die von den Wissenschaftlern vollzogen werden sollte, könnte die geschichtliche Belastung des Verhältnisses von Kirche und Naturwissenschaft überwinden helfen und einen partnerschaftlichen Dialog ermöglichen, wie er ja schon vielfach im Gang ist. Es geht dabei nicht nur um Vergangenheitsbewältigung, sondern um neuartige Probleme, die sich aus der Rolle der Wissenschaften in der heutigen Gesamtkultur ergeben.

Aus: *Johannes Paul II.*, Ansprache an Wissenschaftler und Studenten im Kölner Dom am 15. November 1980, in: *Sekretariat der Deutschen Bischofskonferenz* (Hrsg.), Papst Johannes Paul II. in Deutschland (Verlautbarungen des Apostolischen Stuhls 25), Bonn o. J., 26–34, hier 27f.

• Als Versuch einer Verarbeitung neuer naturwissenschaftlicher Erkenntnisse sei der folgende vorgestellt. Wer sich die Aussagen der gegenwärtigen Astrophysik über die unvorstellbaren Ausmaße des Universums bewußt macht, kann sich dadurch in seinem Glauben (seinem Vertrauen auf Geborgenheit in Gottes Welt) nachhaltig erschüttert erfahren. *Karl Rahner* denkt über die Auswirkungen solcher naturwissenschaftlicher Erkenntnisse auf den Glauben nach.
Der Text enthält eine Reihe von Anspielungen auf die theologische Überlieferung (z. B.: »Ungeschuldetheit der Gnade«, »übernatürlich«) sowie Spuren typisch Rahnerscher Theologie (z. B.: »übernatürliche Bestimmung in Unmittelbarkeit zu Gott«), welche man nicht unbedingt alle verstanden haben muß, um die Aussagerichtung des Textes zu erkennen. – Der im ersten Absatz erwähnte *Francisco Suarez* ist ein bedeutender spanischer Theologe des 16./17. Jahrhunderts. Die Vorstellung vom *»caelum empyreum«* (»Feuerhimmel«) stammt aus der antiken heidnischen Naturphilosophie. Die mittelalterliche christliche Theologie übernahm diese Vorstellung und sah in der strahlend hellen Sphäre oberhalb der sonstigen materiellen Welt den Ort der Seligen. – Im Gegensatz zum vorherrschenden theologischen Wortgebrauch, nach welchem das Wort *»anthropomorph«* das grundsätzlich unverzichtbare Reden und Denken von Gott in Vorstellungen von menschlichen Eigenschaften, menschlichen Verhältnissen und menschlichen Handlungen meint, benutzt Rahner das Wort hier in einem etwas anderen, abwertenden Sinne (= »allzumenschlich«).

- Wenn man Rahners Überlegungen folgt, welche überlieferten Glaubensvorstellungen ändern sich dann?
- Bedeutet die Veränderung im Sinne des Textes für den Glauben eher Gewinn oder Verlust?
- Erweckt der Text eher den Eindruck, daß der Theologe durch die Auskünfte der Naturwissenschaft dazugelernt hat, oder eher, daß er sich bloß bestätigt sieht? (Wo scheint eher das eine, wo eher das andere gegeben zu sein?)
- Rahner schneidet in den beiden Textteilen zwei verschiedene Probleme an. Ist zwischen ihnen ein Bedeutungsgefälle erkennbar? Hat eine der beiden Überlegungen ein größeres existentielles Gewicht als die andere? Woran könnte man gegebenenfalls den Unterschied erkennen?

67 *1. Kosmische Verlorenheit als Ausdruck und Vermittlung einer letzten Kontingenzerfahrung*

Mindestens solange das geozentrische Weltbild Gültigkeit hatte, war für das naive Erleben des Christen der Kosmos selbstverständlich das von Gott für ihn und seine Heilsgeschichte geschaffene, übersichtliche Haus seiner Existenz, das für ihn gebaut und für ihn da war. [. . .] Wenn z. B. noch *Suarez* die »Himmelfahrt Christi« bis zum caelum empyreum in den alten Kosmos einpaßte bis zur Frage, ob der erhöhte Christus in der obersten Himmelsschale oder über ihr residiere, dann zeigt sich eben doch, wie sehr das alte Weltbild mit den christlichen Dogmen amalgamiert war bis zur Vorstellung, daß die bekannten Vulkane mit dem Höllenfeuer zusammenhängen. Heute muß der Christ auf einem winzigen Planeten in einem Sonnensystem leben, das selber wiederum zu einer Galaxie von hunderttausend Lichtjahren gehört mit dreißig Milliarden Sternen, wobei schätzungsweise diese Galaxie nur eine unter einer Milliarde solcher im Universum ist. Bei einem solchen Universum ist es für den Menschen sicher nicht leicht, sich als denjenigen zu empfinden, für den dieser Kosmos letztlich da ist. In einem solchen Kosmos von dieser ungeheuerlichen, vorstellungsmäßig gar nicht mehr realisierbaren Größe kann sich der Mensch durchaus als ein zufälliges Randphänomen empfinden, zumal wenn er sich als Ergebnis einer Evolution weiß, die selber wieder mit vielen und unwahrscheinlichen Zufällen arbeiten muß. Es wird den naturwissenschaftlich denkenden Menschen unter diesem Aspekt wohl noch mehr ein existentielles Daseins-Schwindelgefühl überkommen, wenn er dann realisieren soll, daß der ewige Logos Gottes, der diese Milliarde Galaxien treibt, Mensch geworden sein soll auf diesem winzigen Planeten, der irgendwo verloren wie ein Staubkorn in diesem Universum existiert.

[. . .]

Zunächst wird man diese Situation nüchtern zugeben und aushalten, zumal auch der wissenschaftlich empfindende Mensch (auch außerhalb des Christentums) in seinen existentiellen Lebensentscheidungen sich, und zwar mit Recht und unvermeidlich, ernster nimmt, als es ihm von seiner kosmischen Unbedeutsamkeit her gestattet zu sein scheint. Heute und erst recht in der Zukunft wird der Mensch und Christ ferner deutlicher und radikaler realisieren müssen, daß er, indem er seine kosmische Verlorenheit *erkennt* und *annimmt,* dadurch auch schon über sie erhaben ist und sie vollziehen kann als Ausdruck und Vermittlung jener letzten Kontingenzerfahrung, die er ja kraft seines alten Glaubens vor dem unendlichen Gott als endliche Kreatur empfinden und annehmen muß. Von da aus kann man durchaus sagen, daß der Kosmos für den Menschen geradezu »theologischer« geworden ist, das heißt, ihn unerbittlicher als früher auf die Erfahrung und Annahme seiner Kreatürlichkeit hinweist. Von da aus kann das kosmische Schwindelgefühl durchaus als ein Moment der Entwicklung des theologischen Bewußtseins des Menschen verstanden werden. Wenn das heutige wissenschaftliche Bewußtsein des Menschen wie selbstverständlich davon ausgeht (obwohl es gar nicht so selbstverständlich ist), daß die wissenschaftliche Erforschung des Kosmos nie zu einem Abschluß kommen kann, und wenn von der Theologie der grundsätzlichen Unbegreiflichkeit Gottes her diese Überzeugung ein theologisches Datum wird, dann ist die Erfahrung einer Art von Unermeßlichkeit des Universums gewissermaßen nur das räumliche Pendant dazu, das eigentlich (natürlich: hinterdrein) erwartet werden konnte. Die Ablösung einer räumlichen Behaustheit des Menschen durch eine den Charakter seiner religiösen Existenz widerspiegelnden räumlichen Unbehaustheit ist im Grunde ein legitimes Moment des Schicksals des Menschen. Wenn dazu die moderne Physik gleichzeitig die endliche Größe des faktischen Universums zu beziffern unternimmt, so ist damit nochmals die Eigentümlichkeit des Geistes gegenüber der Materie dokumentiert, der sich und seine Welt nochmals sich gegenüberstellen kann, und es kommt so die kreatürliche Endlichkeit der Welt trotz ihrer Unermeßlichkeit für das Empfinden des Menschen zur Erscheinung. [...]

2. Geistesgeschichte auf einem anderen Stern?

In diesem Zusammenhang kann eine Frage nicht ganz übergangen werden, die sich heutzutage wieder aufdrängt, obwohl sie eigentlich nicht ganz neu ist, die Frage, ob auf anderen »Sternen« auch leiblich-geistige Wesen, den Menschen gleich oder ähnlich, gedacht werden können. Letztlich werden die modernen Naturwissenschaften auf die *Tatsachen*frage auch keine Antwort geben können. Was die konkrete *Möglichkeit* angeht, wird diesbezüglich eine Antwort auch kaum gegeben werden können, da die Wahrscheinlichkeit von der ungeheuren Zahl der Sterne her und die Schwierigkeit der Entwicklung des Lebens bis zu einem »Menschen« hin kaum miteinander verrechnet werden können. Aber man wird doch sagen müssen, daß im Unterschied zum alten Weltbild die grundsätzliche Möglichkeit einer Entwicklung des Lebens bis zu einem intelligenten Bewußtsein heute wohl nicht mehr ausgeschlossen werden kann, zumal es anthropomorphe Vorstellung wäre, der Schöpfergott treibe die kosmische Entwicklung an einem anderen Punkt des Weltalls so weit, daß die unmittelbare Möglichkeit geistigen Lebens gegeben wäre, er aber dann diese Entwicklung willkürlich abbreche. Die traditionelle Lehre von den Engeln macht übrigens darauf aufmerksam, daß auch die traditionelle Theologie mit der Koexistenz anderer personaler Kreaturen mit den Menschen rechnet und somit nicht wenige theologische Probleme nicht erst bei unserem Problem auftauchen (gemeinsame Berufung zum selben letzten Ziel; Christus als Haupt der ganzen Schöpfung usw.). Wenn man Lust hat, das existentiell recht fernliegende Problem spekulierend weiter durchzudenken, könnte man wohl sagen, daß diesen anderen leibhaftigen geistigen Wesen sinnvollerweise doch auch eine übernatürliche Bestimmung in Unmittelbarkeit zu Gott zugeschrieben werden müsse (trotz aller Ungeschuldetheit der Gnade), daß wir aber natürlich über die anzunehmende Freiheitsgeschichte dieser Wesen nichts ausmachen können. Angesichts der Unveränderlichkeit Gottes in sich selbst und der Selbigkeit des Logos wird man wohl nicht beweisen können, daß eine mehrfache Inkarnation in verschiedenen Heilsgeschichten schlechterdings undenkbar sei. All das ist nur gesagt, um zu zeigen, daß von der Theologie her wohl kein absolutes Veto gegen eine Geistesgeschichte auf einem anderen Stern eingelegt werden muß. Mehr wird ein Theologe zu dieser Frage nicht sagen können; er wird darauf hinweisen, daß die christliche Offenbarung das Heil des Menschen bezweckt, nicht aber eine Antwort auf Fragen, die den Vollzug dieses Heils in Freiheit nicht wirklich erheblich berühren.

Aus: *Karl Rahner,* Die Größe des Kosmos als existentielles und theologisches Problem, in: *Franz Böckle u. a.* (Hrsg.), Christlicher Glaube in moderner Gesellschaft, Bd. 3, Verlag Herder, Freiburg u. a. 1981, 69–72.

6.3.4 Korrelation mit neuen Erfahrungen

Der im letzten Abschnitt angesprochenen Aufgabe der Theologie verwandt ist das, was man seit einigen Jahren in Religionspädagogik und Systematischer Theologie die *Methode der Korrelation* nennt. Dabei geht es darum (mehr theoretisch), das Verhältnis zwischen Glaubensüberlieferung und neuer Erfahrung zu bestimmen und (mehr praktisch) diese beiden Größen immer neu miteinander so in Beziehung zu bringen, daß der Prozeß der Glaubensüberlieferung sich in der Gegenwart fortsetzt.

Der *Begriff der Korrelation* wird nicht ganz einheitlich verwendet. Wir verstehen hier darunter die kritische und produktive Wechselbeziehung zwischen Glaubensüberlieferung und neuer Erfahrung. Damit ist gemeint:

- *Wechselbeziehung:* Im Gegensatz zu den einbahnigen Konzeptionen z. B. eines nur traditionsorientierten und eines nur problemorientierten Religionsunterrichts werden hier die Überlieferung aus der Erfahrung und die Erfahrung aus der Überlieferung gedeutet.
- *Kritisch:* In der Konfrontation beider Größen miteinander wandelt sich die Erfahrung (oder das, was man naiv für seine eigene Erfahrung hielt), und die Überlieferung erscheint in neuem Licht (was zu einer Änderung von Sprache und Vorstellungen des Glaubens führen kann).
- *Produktiv:* Es ist damit zu rechnen, daß die Glaubensüberlieferung neue Lebenserfahrungen provoziert. Und umgekehrt: unter dem Druck oder im Aufwind neuer Erfahrungen ist mit einem Fortschritt der Glaubensgeschichte und auch mit der Wiederentdeckung von vergessenen Glaubenswahrheiten zu rechnen.

Solche Korrelation ist eigentlich nicht zunächst eine theologische Arbeitsmethode, sondern ein Prozeß, der sich immer wieder in der

Glaubensgeschichte (der Kirche und jedes einzelnen) abspielt. Systematische Theologie beteiligt sich an diesem Prozeß und reflektiert ihn. Im folgenden soll an zwei Beispielen illustriert werden, wie in der jüngeren Geschichte neue Erfahrungen die Glaubensvorstellungen verändert haben und wie – umgekehrt – auch die Glaubensüberlieferung neue Erfahrungen mitgeprägt hat.

• *Erstes Beispiel: Kirche und jüdisches Volk*
Von altersher wird in der *Karfreitagsliturgie* neben vielen anderen Fürbitten auch eine Fürbitte für die Juden gehalten. Als man im Anschluß an das Zweite Vatikanische Konzil die Liturgie reformierte, änderte man erheblich den Wortlaut dieser Fürbitte. Ein Vergleich zwischen dem alten und dem neuen Text kann den Wandel in der Einschätzung des Judentums deutlich machen, der sich in den letzten Jahrzehnten in Glaube und Theologie vollzogen hat.
Der Ausschnitt aus dem *Synodenbeschluß »Unsere Hoffnung«* nennt die epochalen Erfahrungen, die zum Umdenken in Kirche und christlicher Theologie geführt haben, und verweist gleichzeitig auf ein altes, lange Zeit »vergessenes« oder »verleugnetes« Traditionsstück (erster Satz des zweiten Abschnitts).

Karfreitagsfürbitte für die Juden

68 *Alte Fassung:*

Lasset uns auch beten für die ungläubigen Juden:
Gott, unser Herr, möge den Schleier von ihren Herzen wegnehmen, auf daß auch sie unsern Herrn Jesus Christus erkennen.

Allmächtiger ewiger Gott, du schließest sogar die ungläubigen Juden von deiner Erbarmung nicht aus; erhöre unsere Gebete, die wir ob der Verblendung jenes Volkes vor dich bringen: mögen sie das Licht deiner Wahrheit, das Christus ist, erkennen und ihrer Finsternis entrissen werden. Durch ihn, unsern Herrn.

69 *Neue Fassung (1970):*

Laßt uns auch beten für die Juden, zu denen Gott, unser Herr, zuerst gesprochen hat:
Er bewahre sie in der Treue zu seinem Bund und in der Liebe zu seinem Namen, damit sie das Ziel erreichen, zu dem sein Ratschluß sie führen will.

Allmächtiger, ewiger Gott, du hast Abraham und seinen Kindern deine Verheißung gegeben. Erhöre das Gebet deiner Kirche für das Volk, das du als erstes zu deinem Eigentum erwählt hast: Gib, daß es zur Fülle der Erlösung gelangt. Darum bitten wir durch Christus, unseren Herrn.

Aus: Das vollständige *Römische Meßbuch*. Lateinisch und deutsch, im Anschluß an das Meßbuch von Anselm Schott hrsg. von Benediktinern der Erzabtei Beuron, Freiburg 1956, 392.

Aus: *Die Feier der heiligen Messe. Meßbuch,* hrsg. im Auftrag der Bischofskonferenzen Deutschlands u.a., (Kleinausgabe), Einsiedeln u.a. 1976, S. [48].

70 *Für ein neues Verhältnis zur Glaubensgeschichte des jüdischen Volkes*

Wir sind das Land, dessen jüngste politische Geschichte von dem Versuch verfinstert ist, das jüdische Volk systematisch auszurotten. Und wir waren in dieser Zeit des Nationalsozialismus, trotz beispielhaften Verhaltens einzelner Personen und Gruppen, aufs Ganze gesehen doch eine kirchliche Gemeinschaft, die zu sehr mit dem Rücken zum Schicksal dieses verfolgten jüdischen Volkes weiterlebte, deren Blick sich zu stark von der Bedrohung ihrer eigenen Institutionen fixieren ließ und die zu den an Juden und Judentum verübten Verbrechen geschwiegen hat. Viele sind dabei aus nackter Lebensangst schuldig geworden. Daß Christen sogar bei dieser Verfolgung mitgewirkt haben, bedrückt uns besonders schwer. Die praktische Redlichkeit unseres Erneuerungswillens hängt auch an dem Eingeständnis dieser Schuld und an der Bereitschaft, aus dieser Schuldgeschichte unseres Landes und auch unserer Kirche schmerzlich zu lernen: Indem gerade unsere deutsche Kirche wach sein muß gegenüber allen Tendenzen, Menschenrechte abzubauen und politische Macht zu mißbrauchen, und indem sie allen, die heute aus rassistischen oder anderen ideologischen Motiven verfolgt werden, ihre besondere Hilfsbereitschaft schenkt, vor allem aber, indem sie besondere Verpflichtungen für das so belastete Verhältnis der Gesamtkirche zum jüdischen Volk und seiner Religion übernimmt.

Gerade wir in Deutschland dürfen den Heilszusammenhang zwischen dem altbundlichen und neubundlichen Gottesvolk, wie ihn auch der Apostel Paulus sah und bekannte, nicht verleugnen oder verharmlosen. Denn auch in diesem Sinn sind wir in unserem Land zu Schuldnern des jüdischen Volkes geworden. Schließlich hängt die Glaubwürdigkeit unserer Rede vom »Gott der Hoffnung« angesichts eines hoffnungslosen Grauens wie dem von Auschwitz vor allem daran, daß es Ungezählte gab, Juden und Christen, die diesen Gott sogar in einer solchen Hölle und nach dem Erlebnis einer solchen Hölle immer wieder genannt und angerufen haben. Hier liegt eine Aufgabe unseres Volkes auch im Blick auf die Einstellung anderer Völker und der Weltöffentlichkeit gegenüber dem jüdischen Volk. Wir sehen eine besondere Verpflichtung der deutschen Kirche innerhalb der Gesamtkirche gerade darin, auf ein neues Verhältnis der Christen zum jüdischen Volk und seiner Glaubensgeschichte hinzuwirken.

Aus: *Synodenbeschluß »Unsere Hoffnung«*, IV,2, in: Gemeinsame Synode der Bistümer in der Bundesrepublik Deutschland. Offizielle Gesamtausgabe I, hrsg. von Ludwig Bertsch u. a., Freiburg u. a. 1976, 84–111, hier 108f.

• *Zweites Beispiel: Eschatologie und Geschichte*

Was bringt die christliche Hoffnung auf die Vollendung der Welt durch Gott für die heute besonders drängend gewordene Frage nach der Zukunft der Menschheit ein? Anders ausgedrückt: Wie verhalten sich Eschatologie und innerweltliche Zukunftserwartung zueinander? Auf diese Frage hat die Theologie der letzten Jahrzehnte sehr unterschiedlich geantwortet. Dabei spielten jeweils epochale Erfahrungen eine Rolle. Die folgenden Texte sollen den Wandel (und die epochalen Herausforderungen, die zu diesem Wandel führten) illustrieren.

Der Text des Dogmatikers *Franz Diekamp* († 1943) steht repräsentativ für die neuscholastische Theologie. Diese kann als der Ausgangspunkt gelten, von dem die neuere theologische Entwicklung sich absetzt. Die Entwicklung wurde besonders vorangetrieben durch den französischen Jesuiten *Pierre Teilhard de Chardin* († 1955), der Paläontologe (und als solcher stark vom Gedanken der Evolution bestimmt) und zugleich Theologe war. Der erste Text von Teilhard zeigt, wie er die geistige Situation seiner Zeit sah und warum sie ihm zur großen Herausforderung wurde, im zweiten wird seine Antwort sichtbar: Teilhard kommt zu einer sehr optimistischen Korrelation zwischen dem (damals noch als neu empfundenen) Evolutionsdenken und der eschatologischen Überlieferung des Christentums.

Von einer bedeutend anderen Grundstimmung (wie sie Anfang der siebziger Jahre aufkam) und von ihrer theologischen Verarbeitung zeugen die nächsten Texte. Der erste ist einem Vortrag des Fundamentaltheologen *Johann Baptist Metz* entnommen, den dieser erstmals 1971 hielt, der zweite stammt aus dem (ebenfalls von Metz entworfenen) *Synodenbeschluß »Unsere Hoffnung«* (1975).

71 Den Abschluß der Dogmatik bildet die *Lehre von den Letzten Dingen* oder die *Eschatologie*. Während die übrigen Werke Gottes für uns teils der Vergangenheit, teils der Gegenwart angehören, liegt der Gegenstand der Eschatologie für

uns noch ganz in der *Zukunft*. Es sind die *Endereignisse* für den einzelnen Menschen wie für die Gesamtheit und die dann eintretenden *Zuständlichkeiten*. Sie sind die Krönung und Vollendung des göttlichen Wirkens in der Welt, der Ruhepunkt, dem die irdische Entwicklung nach dem Weltplan Gottes entgegengeht und der zuletzt unter nochmaligem machtvollen, erhabensten Eingreifen Gottes erreicht wird.

Aus: *Franz Diekamp*, Katholische Dogmatik nach den Grundsätzen des heiligen Thomas, Bd. 3, 11./12. Aufl., neubearbeitet und hrsg. von *Klaudius Jüssen*, Münster 1954, 404.

72 Auf der einen Seite die Gruppe derer, die ihre Hoffnungen auf einen jenseits und außerhalb der Welt gelegenen absoluten Zustand oder Zielpukt projizieren.
Und auf der anderen Seite die Gruppe jener, die dieselben Hoffnungen auf eine innere Vollendung des erfahrbaren Universums setzen.
Die erste, bei weitem ältere Gruppe wird heute in hervorragender Weise von den Christen vertreten, den Verteidigern eines transzendenten und personalen Gottes.
Die zweite Gruppe, die von jenen gebildet wird, die ihr Leben in verschiedener Weise dem Dienst an einem Universum weihen, das als in der Zukunft in irgendeiner unpersönlichen und immanenten Wirklichkeit kulminierend begriffen wird, ist ganz jungen Ursprungs. Zu allen Zeiten gab es in der menschlichen Geschichte Konflikte zwischen den ›Dienern des Himmels‹ und den ›Dienern der Erde‹. Aber erst seit dem Auftreten der Idee der Evolution (die das Universum irgendwie vergöttlicht) sind die Erdgläubigen tatsächlich erwacht und haben sich zu einer wirklichen Form von Religion emporgeschwungen, die ganz mit unbegrenzten Hoffnungen, mit Anstrengung und Entsagung geladen ist.
Aus der Welt, sie verachtend, auswandern? Oder in der Welt bleiben, um sie zu meistern und zu vollenden? In diese beiden einander widerstreitenden Ideale oder Mystiken spaltet heute die Menschheit, und schwächt sie folglich in verhängnisvoller Weise, ihre vitale Kraft der Anbetung.
Dieser Art ist meiner Ansicht nach, tiefer wurzelnd als irgendein wirtschaftlicher, politischer oder sozialer Konflikt, das Wesen der Krise, durch die wir hindurchgehen.

Aus: *Pierre Teilhard de Chardin*, Gedanken über den Fortschritt (1941). In: Ders., Die Zukunft des Menschen, Walter Verlag, Olten 1963, 87–111, hier 106.

73 Wenn nämlich wirklich, damit das Reich Gottes komme [. . .], es notwendig ist – als physisch notwendige Voraussetzung –, daß die menschliche Erde *zuvor* das natürliche Ziel ihres evolutiven Wachsens erreicht – dann fällt letzten Endes die von dem Neo-Humanismus erahnte ultrahumane Vollendung der Evolution konkret mit der von allen Christen erwarteten Krönung der Inkarnation zusammen. Die beiden Vektoren, besser gesagt die beiden Komponenten drehen sich, nähern sich einander, bis sie eine mögliche Resultante ergeben . . . Das christliche Empor vereinigt sich (ohne darin zu versinken!, sondern indem es dieses ›übernaturalisiert‹) mit dem menschlichen Voran! Und gleichzeitig gewinnt der Glaube an Gott in eben dem Maße, wie er in seinem eigenen Saft den Saft des Glaubens an die Welt assimiliert und sublimiert, sein volles Verführungs- und Bekehrungsvermögen zurück!

Aus: *Pierre Teilhard de Chardin,* Der Kern des Problems (1949), in: Ders., Die Zukunft des Menschen, a.a.O., 345–355, hier 353f.

74 »Die Zukunft ist auch nicht mehr das, was sie war.« In diesem Satz, der zwischen Trivialität und Weisheit schwingt, meldet sich eine bezeichnende Einsicht in die geänderte Situation unseres Lebens und unserer Welt zu Wort. Das Vertrauen in den vermeintlichen Stufengang technologischer Zivilisation schwindet. »Fortschritt« gibt es, wenn überhaupt, nur im Widerstand gegen seine naive Verallgemeinerung (in manchen forschen Futurologien). Der Wärmestrom der Teleologie, der unser Bewußtsein getragen hat, versiegt immer mehr. Die teleologische Zuversicht auf eine zunehmende Versöhnung von Mensch und Natur ist gebrochen, und jetzt, da sie vergeht, merken wir erst, wie tief und nachhaltig sie uns bestimmt hat – bis in die philosophischen und theologischen Interpretationen der Zukunft hinein. Nun aber tritt plötzlich wieder Sisyphus neben Prometheus, Nietzsche neben Marx, Camus neben Teilhard, Monod neben Whitehead.

Immer deutlicher werden uns die Gefahren und Antagonismen bewußt, die entstehen, wenn die technologischen und ökonomischen Prozesse ihrer Eigengesetzlichkeit überlassen werden und wenn unsere politischen und gesellschaftlichen Steuerungssysteme versagen: sterbende Städte, Zerstörung der Umweltsysteme, hemmungslose Ausbeutung der Rohstoffquellen, Bevölkerungsexplosion, Informationschaos, der immer aggressiver und immer schärfer sich zuspitzende Nord-Süd-Konflikt, der schließlich auch den Machtkonflikt zwischen Ost und West in neuer Weise aktualisieren kann.

Aus: *Johann Baptist Metz,* Zukunft aus dem Gedächtnis des Leidens. Zur Dialektik des Fortschritts, in: Ders., Glaube in Geschichte und Gesellschaft, Matthias-Grünewald-Verlag, Mainz 1977, 87–103, hier 87.

75 Die Verheißungen des Reiches Gottes, das durch Jesus unter uns unwiderruflich angebrochen und in der Gemeinschaft der Kirche wirksam ist, führen uns mitten in unsere Lebenswelt hinein – mit ihren je eigenen Zukunftsplänen und Utopien. An ihnen brechen und verdeutlichen sich diese Verheißungen, auch in unserer Zeit der Wissenschaft und Technik, der großen sozialen und politischen Wandlungen.
War unser öffentliches Bewußtsein nicht zu lange von einem naiven Entwicklungsoptimismus durchstimmt? Von der Bereitschaft, sich widerstandslos einem vermeintlichen Stufengang im Fortschritt von Aufklärung und technologischer Zivilisation zu überlassen und darin auch unsere Hoffnungen zu verbrauchen? Heute scheint der Traum von einer schrankenlosen Herrschaft über die Natur im Interesse einer ebenso unbegrenzt vermehrbaren Bedürfnisfindung wie Bedürfnisbefriedigung langsam ausgeträumt. Zugleich spüren wir deutlicher die Fragwürdigkeit und geheime Verheißungslosigkeit, die in einer rein technokratisch geplanten und gesteuerten Zukunft der Menschheit steckt. Schafft sie wirklich einen »neuen Menschen«? Oder nur den völlig angepaßten Menschen? Den Menschen mit vorfabrizierten Lebensmustern, mit nivellierten Träumen, eingemauert in eine überraschungsfreie Computergesellschaft, erfolgreich eingefügt in die anonymen Zwänge und Mechanismen einer von fühlloser Rationalität konstruierten Welt – rückgezüchtet schließlich auf ein anpassungsschlaues Tier? Und zeigt sich nicht auch immer deutlicher im Schicksal der einzelnen, daß diese »neue Welt« innere Leere, Angst und Flucht erzeugt? [. . .]
Gewiß ist das christliche Hoffnungsbild vom neuen Menschen im Reiche Gottes tief hineinverwoben in jene Zukunftsbilder, die die politischen und sozialen Freiheits- und Befreiungsgeschichten der Neuzeit bewegt haben und bewegen; es kann und darf von ihnen auch nicht beliebig abgelöst werden. Denn die Verheißungen des Reiches Gottes sind nicht gleichgültig gegen das Grauen

und den Terror irdischer Ungerechtigkeit und Unfreiheit, die das Antlitz des Menschen zerstören. Die Hoffnung auf diese Verheißung weckt in uns und fordert von uns eine gesellschaftskritische Freiheit und Verantwortung, die uns vielleicht nur deswegen so blaß und unverbindlich, womöglich gar so »unchristlich« vorkommt, weil wir sie in der Geschichte unseres kirchlichen und christlichen Lebens so wenig praktiziert haben. Und wo die Unterdrückung und Not sich – wie heute – ins Weltweite steigern, muß diese praktische Verantwortung unserer Hoffnung auf die Vollendung des Reiches Gottes auch ihre privaten und nachbarschaftlichen Grenzen verlassen können. Das Reich Gottes ist nicht indifferent gegenüber den Welthandelspreisen! Dennoch sind seine Verheißungen nicht etwa identisch mit dem Inhalt jener sozialen und politischen Utopien, die einen neuen Menschen und eine neue Erde, eine geglückte Vollendung der Menschheit als Resultat gesellschaftlich-geschichtlicher Kämpfe und Prozesse erwarten und anzielen. Unsere Hoffnung erwartet eine Vollendung der Menschheit aus der verwandelnden Macht Gottes, als endzeitliches Ereignis, dessen Zukunft für uns in Jesus Christus bereits unwiderruflich begonnen hat. [...]
Dieses christliche Hoffnungsbild von der Zukunft der Menschheit entrückt uns nicht illusionär den Kämpfen unserer menschlichen Geschichte. Es ist nur von einem nüchternen Realismus über den Menschen und seine geschichtliche Selbstvollendung geprägt. Es zeigt den Menschen, der immer ein Fragender und Leidender bleibt: einer, den seine Sehnsucht stets neu mit seinen erfüllten Bedürfnissen entzweit und der auch dann noch sucht und hofft, wenn er in einer künftigen Zeit politischer und sozialer Schicksallosigkeit aller Menschen leben sollte; denn gerade dann wäre er in radikaler, gewissermaßen unabgelenkter Weise sich selbst und der Sinnfrage seines Lebens konfrontiert. Dieser Realismus unseres Reich-Gottes-Gedankens lähmt nicht unser Interesse am konkreten individuellen und gesellschaftlichen Leiden. Er kritisiert nur jene Säkularisierungen unserer christlichen Hoffnung, die die Reich-Gottes-Botschaft selbst völlig preisgegeben, aber auf die überschwenglichen Maßstäbe, die diese Botschaft für die Menschen und ihre Zukunft gesetzt hat, nicht verzichten möchten.

Aus: *Synodenbeschluß »Unsere Hoffnung«*, I,6, in: Gemeinsame Synode (vgl. *Text 70*), 95ff.

6.4 Die Arbeit am Text

6.4.1 Der hermeneutische Zugang

Im Unterschied zur *analytischen* Arbeitsweise (siehe *Kapitel 6.2*) steht der *hermeneutische* Umgang mit Texten dem üblichen Lesen näher. Allerdings leitet ihn von vornherein das Wissen, daß ein angemessenes Verhältnis gewöhnlich nicht schon im ersten Zugriff gegeben ist, sondern ein bedachtes und gelassenes Bemühen voraussetzt. Der Leser nimmt in gewissem Sinn ein Gespräch mit dem Text auf. Dabei geht er notwendigerweise von seinem *eigenen Verständnis* aus und versucht von ihm her dem Text einen stimmigen Sinn abzugewinnen. Er kann sich dabei als ein »Übersetzer« verstehen, der sich das Gelesene *in seiner eigenen Sprache* wieder sagt (griechisch *»hermeneutḗs«* = »der Dolmetscher«, »Erklärer«; die »Hermeneutik« ist demnach die Lehre vom Verstehen fremder Äußerungen.) Dieser erste Ertrag der Lektüre muß dann aber erneut an dem Ausgangstext geprüft und eventuell korrigiert werden. Das Lesen pendelt also zwischen dem Sinn, den der Leser für sich sieht, und demjenigen, der durch den Text vorgegeben ist, hin und her – in der Zuversicht, daß dadurch die beiden *Verständnishorizonte,* die manchmal zunächst (geschichtlich und kulturell bedingt) weit auseinanderliegen, einander näherkommen.

Getragen wird eine solche Lektüre von der Zuversicht, daß der Text, auch wenn er dem Leser zunächst noch fremd wirken sollte, letztlich Sinn gewährt. Da dies am Anfang schon unterstellt wird und am Ende als Ergebnis herauskommen soll, sagt man gelegentlich, daß die Lektüre im *»hermeneutischen Zirkel«* verlaufe. Im Gegensatz zum »circulus vitiosus« (Zirkelschluß) bringt dieser Weg der Lektüre Erkenntnisgewinn: Der Leser trägt seine Verständnisvoraussetzungen in den Text ein, läßt sich vom Text her aber auch bereichern und korrigieren.

Die Bereitschaft, sich so auf einen Text einzulassen, ist vor allem dann erheblich, wenn es um die Frage geht, ob man das, was man da liest, auch als *wahr* und für sich selbst *verbindlich* nehmen könne. Dabei ist es freilich möglich, daß der Leser trotz des Vertrauensvorschusses, mit dem er dem Text entgegenkommt, sich ihm nicht ganz anschließen kann, vielleicht letztlich sogar kräftig widersprechen muß. Das hermeneutische Bemühen schließt also *Kritik* nicht aus. In dieser Sicht geht das Bemühen um den Text zwischen »ja« und »aber«, zwischen Zustimmung und Widerspruch hin und her; die Lektüre verläuft *»dialektisch«* (griechisch: *»hē diálektos«* = »das Gespräch«, »die Unterhaltung«).

Da sich der hermeneutische Weg nicht völlig von dem analytischen Vorgehen trennen läßt, soll zunächst noch dieses vorgestellt werden; die konkrete Anwendung auf bestimmte Texte wird danach im Vergleich anschaulicher sein.

6.4.2 Der analytische Zugang

Wer analytisch liest, betrachtet den Text als einen *Gegenstand* seiner Untersuchung, weniger als eine Äußerung, mit der er ein Gespräch aufnimmt. Der Bedeutung des Wortes »Text« (»das Gewebte«) gemäß, sucht er nach den Strukturen, aus denen sich das, was er liest, aufbaut. Um diese inneren Beziehungen herauszufinden, kann man den Blick auf unterschiedliche Elemente und Aspekte richten, z. B.

- *Beziehung von Autor und Adressat:* Bringt sich der Autor selbst zur Sprache (in seiner Betroffenheit, seinen Wertungen, seinen Absichten)? Geschieht dies ausdrücklich oder ist es dem Text nur indirekt zu entnehmen? Wie wendet er sich dem Adressaten zu? (Spricht er ihn an? Läßt er erkennen, was er von ihm hält und was er von ihm erwartet?) Kommt dabei auch die emotionale Seite dieser Beziehung zum Ausdruck (in der Eindringlichkeit der Rede, in beschwörenden Forderungen, in der Strenge und Kürze einer Feststellung usw.)?
- *Thematische Stichwörter:* Welche Begriffe nehmen eine dominierende Stelle ein? Gibt es dabei Gegensätze, Implikationen (ein Begriff schließt den anderen ein), Reihungen (»1., 2., . . .«; »zunächst . . ., dann . . ., schließlich aber auch . . .« usw.) oder andere Beziehungen?
- *Argumentations-, Beschreibungs- oder Erzählsequenzen:* Ist der Text schon im Druckbild gegliedert? Gibt es innere Gliederungsmomente (neue Themen oder Personen, wechselnde Perspektiven oder Szenen usw.)? Sind ausdrückliche Schlußfolgerungen ersichtlich (»wenn x und y, dann z«) oder wird in anderen Denkschritten auf das Einsichtsvermögen des Adressaten hin argumentiert?
- *Handlungsträger:* Sind es einzelne oder Gruppen? In welcher Beziehung stehen sie zueinander – der eine gegen den anderen, ihm über- oder untergeordnet, ihm zur Hilfe oder zur Behinderung? Sind sie derselben Generation zugehörig oder verschiedenen? Derselben sozialen Schicht oder unterschiedlichen Klassen? Sind alle Akteure Menschen, oder ist auch Gott, sind auch Engel, Dämonen oder andere Mächte im Spiel?
- *Handlungsaufbau:* Wie ist der Wechsel von Situation und Ereignis angelegt – aufbauend oder ruinös, fortschreitend, zögernd oder auch zurückgehend? Von wem geht die Handlung aus – immer von denselben oder von wechselnden Akteuren? Von welchen Werten, Erwartungen, Bedürfnissen, Ängsten o. ä. wird sie bestimmt?
- *Räumliche Dimensionen:* Gibt es fern und nah, oben und unten, rechts und links, draußen und drinnen, vorne und hinten, weite Räume und punktuelle Lokalisierungen?
- *Zeitliche Dimensionen:* Gibt es heute, gestern und morgen? Jahrhun-

derte oder nur Tage und Stunden? Kontinuierliche Zeit oder nur einzelne Abschnitte? Höhepunkte oder gleichförmige Dauer?
Selbstverständlich sind diese Gesichtspunkte nur aus analytischen Gründen getrennt; die einzelnen Beziehungen kommen im Text nicht isoliert vor, sondern sind miteinander verwoben und machen so die *Struktur* des Textes aus. Für die Analyse aufschlußreich ist auch, welche der einzelnen Aspekte in einem Text *nicht* realisiert sind oder kaum eine Bedeutung haben. (Im Blick auf diese strukturanalytische Arbeitsweise besonders empfehlungswert ist das Buch von *Alex Stock,* Umgang mit theologischen Texten, Zürich 1974; vor allem 27–35: Strukturale Textsemantik; 75–115: Analytischer Umgang mit Texten. – Vgl. auch die Auflistung von Textmerkmalen und Interpretationsfragen in den »Praktischen Hinweisen zur Anfertigung einer wissenschaftlichen Arbeit« von Kapitel 7.)
Auch die analytische Arbeitsweise kann gegenüber einem Text die *Wahrheitsfrage* stellen, wird sie aber wiederum objektivierend zu fassen versuchen, etwa durch die Prüfung, inwieweit der Text *in sich stimmig ist und sich mit anderen, schon als wahr akzeptierten Texten verträgt, von diesen her gar gestützt wird.*

• Das bisher Angedeutete soll im folgenden an drei Texten, die in einem sachlichen und geschichtlichen Zusammenhang stehen, veranschaulicht werden. Der erste Text stammt aus dem Jahr 1442 und ist einem *Lehrentscheid des Konzils zu Florenz* entnommen; der zweite wurde auf dem *Zweiten Vatikanischen Konzil* formuliert und nimmt (indirekt) auf den ersten Bezug; der dritte, von *Suso Brechter* versucht, die Lehre des ersten und des zweiten zusammenzusehen – eine anregende Konstellation für hermeneutisch und analytisch angelegte Lektüre.

76 [Die heilige römische Kirche, durch das Wort unseres Herrn und Erlösers gegründet,] glaubt fest, bekennt und verkündet, daß »niemand außerhalb der katholischen Kirche, weder Heide« noch Jude noch Ungläubiger oder ein von der Einheit Getrennter – des ewigen Lebens teilhaftig wird, vielmehr dem ewigen Feuer verfällt, das dem Teufel und seinen Engeln bereitet ist, wenn er sich nicht vor dem Tod ihr (der Kirche) anschließt. So viel bedeutet die Einheit des Leibes der Kirche, daß die kirchlichen Sakramente nur denen zum Heil gereichen, die in ihr bleiben, und daß nur ihnen Fasten, Almosen, andere fromme Werke und der Kriegsdienst des Christenlebens den ewigen Lohn erwirbt. »Mag einer noch so viele Almosen geben, ja selbst sein Blut für den Namen Christi vergießen, so kann er

doch nicht gerettet werden, wenn er nicht im Schoß und in der Einheit der katholischen Kirche bleibt« (Fulgentius).

Aus: *Konzil zu Florenz,* Lehrentscheid für die Jakobiten, in: NR 381; vgl. DS 1351.

77 [. . .] es ist nur ein Gott und nur ein Mittler zwischen Gott und den Menschen, der Mensch Jesus Christus, der sich selbst als Lösegeld für alle hingegeben hat (1 Tim 2,4–6), »und in keinem anderen ist Heil« (Apg 4,12). So ist es nötig, daß sich alle zu ihm, der durch die Verkündigung der Kirche erkannt wird, bekehren sowie ihm und seinem Leib, der Kirche, durch die Taufe eingegliedert werden. Christus selbst hat nämlich »mit ausdrücklichen Worten die Notwendigkeit des Glaubens und der Taufe betont[3] und damit zugleich die Notwendigkeit der Kirche, in die die Menschen durch die Taufe wie durch eine Tür eintreten, bekräftigt. Darum könnten jene Menschen nicht gerettet werden, die um die katholische Kirche und ihre von Gott durch Christus gestiftete Heilsnotwendigkeit wissen, in sie aber nicht eintreten oder in ihr nicht ausharren wollten«[4].
Wenngleich Gott Menschen, die das Evangelium ohne ihre Schuld nicht kennen, auf Wegen, die er weiß, zum Glauben führen kann, ohne den es unmöglich ist, ihm zu gefallen[5], so liegt also doch auf der Kirche die Notwendigkeit[6] und zugleich das heilige Recht der Evangeliumsverkündigung. Deshalb behält heute und immer die missonarische Tätigkeit ihre ungeschmälerte Bedeutung und Notwendigkeit.

Aus: *Zweites Vatikanisches Konzil,* Dekret über die Missionstätigkeit der Kirche, Artikel 7.

78 Das Christentum ist die universale und eschatologische Menschheitsreligion, weil Christus das absolute und endgültige Wort Gottes an die Menschheit ist. Eine wesentliche Steigerung und Überbietung der christlichen Religion innerhalb der religiösen Entwicklung der Menschheit ist daher nicht möglich, weshalb wir Christen niemals einer grundsätzlichen Relati-

[3] Vgl. Mk 16,16; Jo 3,5.
[4] Vgl. II. Vat. Konzil, Dogm. Konst. über die Kirche Lumen Gentium, Nr. 14: AAS 57 (1965) 18.
[5] Vgl. Hebr 11,6.
[6] Vgl. 1 Kor 9,16.

vität der Religionen zustimmen können, wohl aber mit Überzeugung die Relationalität der Religionen bejahen. Zwar können alle Religionen durch Kontakt, Dialog und Konfrontation eine gewisse Bereicherung und Vertiefung erfahren, aber das alte, nicht gerade glücklich formulierte Axiom »Extra Ecclesiam nulla salus« [»Außerhalb der Kirche kein Heil«] hat auch heute noch seine Gültigkeit, wenn es richtig interpretiert wird. Es will besagen: Wer immer gerettet wird, findet das Heil durch Christus und die Kirche. Das Vaticanum II hat die klare und positive Formulierung gebracht: »Ecclesia universale salutis sacramentum« [»die Kirche als das allumfassende Heilssakrament«] (Kirchenkonstitution Artikel 48). Das alte, häufig mißverstandene und mißbrauchte Axiom muß also verdeutlicht und modifiziert werden: »Sine Ecclesia nulla salus« [»Ohne die Kirche kein Heil«] oder »Extra Christum nulla salus« [»Ohne Christus kein Heil«], womit keineswegs ausgesagt sein soll, wer und wann und wie viele gerettet werden, sondern wodurch und auf welchen Wegen und mit welchen Mitteln die Menschen das Heil erreichen. Von der vollen Universalität Christi und des Christentums gibt der Augustinus der Retraktationen in einem erstaunlichen Wort Zeugnis: »Die Sache selbst, die jetzt die christliche Religion heißt, war auch bei den Alten und fehlt nicht von Anbeginn des Menschengeschlechts, bis Christus im Fleische erschien. Von da an begann die wahre Religion, die schon immer war, die christliche zu heißen« (Retract. I 12,3: CSEL 36, 58, 12–15).

Aus: *Suso Brechter,* Kommentar zum Dekret über die Missionstätigkeit der Kirche, in: LThK. E III, 2–125, hier 41–43.

• *Analyse des ersten Textes (76)*

Die folgende kleine Untersuchung beschränkt sich ganz auf die Grenzen des vorgegebenen Abschnittes. Dies hat gewiß Nachteile; denn für das Verständnis Wichtiges könnte man noch seiner *literarischen und geschichtlichen Umgebung* entnehmen:

- Wer sind die Adressaten des Textes? In welchem Verhältnis stehen sie zu denen, die diese kirchliche Lehre formulieren? Wie ist die Beziehung zwischen dieser geschichtlichen Situation und dem Inhalt des Textes zu sehen?
- Was sind Anlaß und Umstände dieser Äußerung? Welche Konfrontationen, Befürchtungen, Absichten gehen ihr voraus?
- In welchen größeren thematischen Zusammenhang ist dieser Abschnitt einbezogen? Wird er von dorther vielleicht sachlich ergänzt oder relativiert?

- Hat die hier geäußerte Lehre einen Anhalt in vorausgehender Tradition? In welchem Verhältnis steht sie zu biblischen Aussagen? Hat sie eine Wirkungsgeschichte (in Zustimmung, Ablehnung oder Modifikation)?

Bei solchen Fragen wird man notwendigerweise die Ergebnisse fremder Untersuchungen, wie sie in der *Sekundärliteratur* greifbar sind, mitverarbeiten müssen. Aber auch die Selbstbeschränkung auf die Analyse eines einzelnen Textes kann gerechtfertigt und ergiebig sein, wenn man sich ihrer nur bewußt ist und sie konsequent einhält.

Vor allem folgende Elemente bauen die Bedeutung des Textes auf:

1. *Die Selbstvorstellung des redenden Subjekts:* Die angesprochene Sache wird nicht einfach ausgesagt, sondern ausdrücklich auf das seiner selbst gewisse Wort der Kirche zurückgeführt (in der nachdrücklichen Reihung von drei Verben). Der Bezug auf die Gründung der Kirche durch Jesus Christus verstärkt das Gewicht dieser Lehre. (Auch der in eckigen Klammern stehende Teil des Satzes ist original, aber durch Kürzung des gesamten Textes an diese Stelle gerückt.)

2. *Die Aufteilung der gesamten Menschheit:* Mit den räumlichen Kategorien »innerhalb – außerhalb« werden zwei komplementäre Gruppen gebildet. Niemand kann gleichzeitig beiden angehören. Woran man die gezogene Grenze genau erkennen kann, wird nicht gesagt; offensichtlich sieht man darin kein Problem. – Besonders differenziert wird der »außerhalb der katholischen Kirche« stehende Teil der Menschheit, nämlich in die vier Gruppen »Heiden«, »Juden«, »Ungläubige« und »von der Einheit Getrennte«. Deutlich liegt der Konzilsäußerung an der nachdrücklichen und vollständigen Erfassung derer, die nicht der Kirche angehören.

3. *Die angesprochenen Handlungen:* Den Menschen werden weithin ungeschieden die gleichen Handlungsmöglichkeiten eingeräumt. Wohl erfolgt die Aufzählung der guten Werke ausdrücklich und vorwiegend im Blick auf diejenigen, die der Kirche angehören; aber der Sinnzusammenhang unterstreicht, daß bei all dem die anderen nicht zurückstehen müssen. Besonders erstaunlich ist die betonte Hervorhebung, daß jemand außerhalb der Kirche sogar »sein Blut für den Namen Christi vergießen« könne. Damit sind die erwähnten Handlungsmöglichkeiten gerade dieser Seite durch einen betont heroischen Akzent ausgezeichnet. – Nur eine der im Text genannten Aktionen kann grundsätzlich allein von einer Seite vollzogen werden: der Anschluß an die Kirche. Wohl könnten auch diejenigen, von denen es heißt, daß sie in der Kirche »bleiben«, die Front wechseln (sonst gäbe es auch nicht den »von der Einheit Getrennten«); aber dieser gegenläufige Weg wird hier nicht angesprochen.

4. *Die Erwartungen jenseits des Todes:* Scharf nach der sozialen Aufteilung »innerhalb – außerhalb« werden auch die letzten Konse-

quenzen von Heil und Unheil verteilt. Ohne irgendwelche mildernden Hinsichten verfallen die einen dem »Feuer«, das schon »dem Teufel und seinen Engeln« zur Strafe angefacht wurde, während nur die anderen – in weniger bildhafter Sprache – das »Heil« erlangen. (Die Möglichkeit, daß auch von den Mitgliedern der Kirche einige in das Verderben geraten, wird nicht zur Sprache gebracht; dies verstärkt die Frontstellung des Textes.) – Die Zeit jenseits der Todesgrenze wird nicht weiter differenziert; sie währt unveränderlich »ewig«.

Alle vorausgehenden strukturellen Beziehungen sind auf die Polarisierung von Heil und Unheil ausgerichtet. Besonders brisant erscheint dabei, daß gerade diejenige Seite, der das selbstloseste und leidvollste, gar auf Christus ausgerichtete Handeln eingräumt wird, zugleich die des absoluten Verderbens ist. Damit gilt in der Welt dieses Textes die Zugehörigkeit zur Kirche als unabdingbare Voraussetzung für ein gelungenes Leben. Es besteht auch keine Möglichkeit, diese Zugehörigkeit so weit zu definieren, daß man sie etwa allein schon in sittlich verantwortlichem Handeln grundgelegt sehen könnte; dies gerade wird hier ausdrücklich ausgeschlossen. (Für die Aussage des Textes ist es sachlich bedeutungslos, daß der letzte Satz aus den Schriften eines Theologen entnommen ist, der im 5./6. Jahrhundert lebte.)
In einer Skizze läßt sich die Gesamtstruktur des Textes folgendermaßen darstellen:

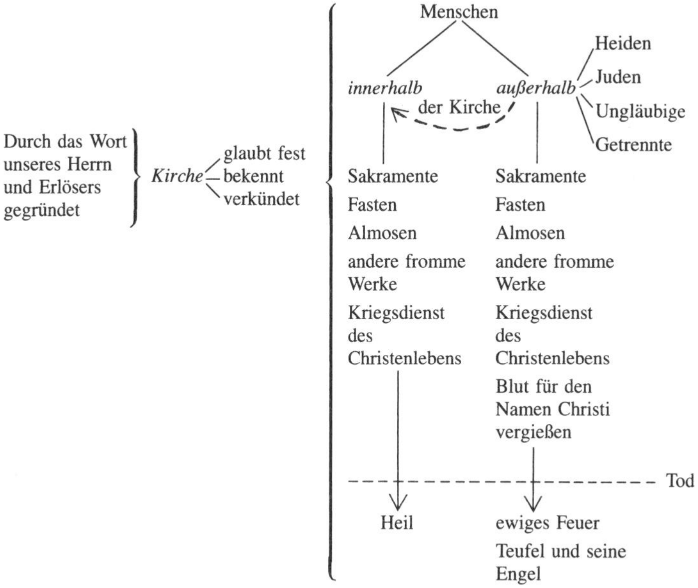

• *Zum zweiten Text (77)*

Unabhängig von den sachlichen Unterschieden, durch die sich der Abschnitt aus dem Dekret des Zweiten Vatikanischen Konzils über die Missionstätigkeit der Kirche von dem vorausgehenden Text abhebt, fällt auf, daß er formal anders angelegt ist: Zum einen zitiert er mehrfach aus biblischen Schriften und verweist darüber hinaus auf weitere Bibelstellen; zum anderen zitiert er, was dasselbe Konzil in seiner Dogmatischen Konstitution über die Kirche gelehrt hat. Um so auffallender ist demgegenüber, daß in den Fußnoten unser erster Text, der in der Sache offensichtlich wieder aufgegriffen wird, nicht erscheint. Dies ist bereits formal eine gewisse Distanzierung gegenüber einem bestimmten Stück der eigenen Tradition. Damit wird auch der Theologie ein größerer Spielraum zur Aufarbeitung überkommener kirchlicher Lehre nahegelegt. Sie hat zwischen mehreren Perspektiven und Positionen ein vermittelndes und korrigierendes Gespräch zu führen. Dafür ist der dritte Text ein Beleg.

• *Die hermeneutische Kommentierung (Text 78)*

Der dritte Text nimmt auf die beiden vorausgehenden in unterschiedlicher Weise Bezug: Primär erläutert er den Abschnitt aus dem Missionsdekret des Zweiten Vatikanischen Konzils (zweiter Text); dabei verzichtet er aber auf dessen ausdrückliche Besprechung und läßt sich stattdessen unmittelbar auf die in ihm thematisierte Sache ein. In diesem Zusammenhang bezieht er sich dann auch auf die zentrale Aussage des ersten Textes, daß außerhalb der Kirche kein Heil sei.

Hermeneutisch kann man sein Bemühen insofern nennen, als

- er eine Verständnisdistanz gegenüber einem Stück kirchlicher Lehre zu überwinden versucht,
- seine Lektüre zwischen verschiedenen Texten hin- und hergeht, um sie aus ihrer wechselseitigen Beleuchtung zu verstehen,
- sein Interesse dabei offensichtlich darauf gerichtet ist, zu einem Einverständnis mit den unterschiedlichen Äußerungen zu gelangen.

Aufschlußreich dafür sind vor allem folgende Gesichtspunkte:

- Wo läßt sich der Autor unmittelbar und ohne Problematisierung auf die Thematik und die Perspektive der ihm vorgegebenen Texte ein?
- In welcher Weise greift er die alte Lehre von der Heilsnotwendigkeit der Mitgliedschaft in der Kirche auf?
- Mit welchen Differenzierungen, Wertungen und Übersetzungsvariationen geht er über seine Vorlagen hinaus?
- Was erreicht er dadurch, daß er sich noch zusätzlich auf die Kirchenkonstitution des Zweiten Vatikanischen Konzils und auf ein Werk von Augustinus bezieht?

Das Bemühen, überkommenen Texten einen nachvollziehbaren Sinn abzugewinnen, ist nie ganz abgeschlossen und zwingend; der hermeneutisch eingeschlagene Weg geht grundsätzlich weiter: Das erste Ergebnis kann seinerseits wieder an den Texten, denen es entnommen ist, gemessen werden. Es bleiben also immer noch Fragen: Überzeugt uns diese vermittelnde Auslegung? Können wir ihre »Übersetzungen« besser verstehen und bejahen als die ursprüngliche Aussage? Werden sie letztlich den vorausgehenden Texten gerecht oder erscheinen sie uns schließlich doch als gar zu gutwillige Rettungsversuche? Solche Fragen können durch eine bloße Textanalyse nicht beantwortet werden, sind der Systematischen Theologie aber dennoch dringlich aufgegeben. Deshalb ist der hermeneutische Weg, obwohl er methodisch ungesicherter ist, theologisch unverzichtbar. Zu seiner eigenen Kontrolle und Ergänzung ist er aber notwendigerweise auch auf die analytische Arbeitsweise angewiesen.

7 Praktische Hinweise zur Anfertigung einer wissenschaftlichen Arbeit

Konrad Hilpert

Die inhaltliche Beschäftigung mit der Theologie macht nicht überflüssig, daß sich der Studierende auch einen Grundbestand an formalen Fertigkeiten aneignen muß. Diese (vom Anfänger oft als pedantisch und gegenüber den Inhalten als viel weniger interessant empfundenen) Techniken sind kein Selbstzweck, sondern Hilfen und Voraussetzungen, um eigenständig wissenschaftlich arbeiten zu können.
Die folgenden Anleitungen behandeln die systematische Suche *(7.1)*, die Auswertung *(7.2)* und die Verarbeitung des Materials für eine wissenschaftliche Arbeit *(7.3)*. Sie sind in dieser komprimierten Form mehrfach erprobt worden und reichen erfahrungsgemäß für die Anforderungen eines ordentlichen Studiums in der (stärker als Natur- und empirische Sozialwissenschaften auf Geschriebenes angewiesenen) Theologie aus. Wer detailliertere Anweisungen benötigt, sei vorab auf folgende zwei Titel verwiesen: *Albert Raffelt,* Proseminar Theologie. Einführung in das wissenschaftliche Arbeiten und in die theologische Buchkunde, Freiburg ^{3}1981. – *Josef Wohlmuth/Hans G. Koch,* Leitfaden Theologie. Eine Einführung in Arbeitstechniken, Methoden und Probleme der Theologie, Zürich u. a. ^{2}1978.

7.1 Wie findet man wissenschaftliche Literatur zu einem Thema?

Die wichtigsten Instrumente zur Literatursuche finden sich in den wissenschaftlichen Bibliotheken.

• Ein erster Weg
führt über *Nachschlagewerke* (besonders Fachlexika und Handbücher): Dort sind jeweils artikel- bzw. kapitelweise die Standardtitel und die wichtigsten Spezialwerke verzeichnet. – Es handelt sich um ein zuverlässiges und vielleicht auch das am häufigsten zu praktizierende Verfahren, da mit der Nennung der Literatur zugleich ein Problemüberblick

und eine erste detaillierte Sachinformation gegeben wird. Sein Nachteil besteht darin, daß nur die Literatur bis zum Erscheinen des betreffenden Nachschlagewerks aufgeführt ist. Daher müssen wenigstens für die in der Zwischenzeit erschienene Literatur auf einem der folgenden Wege zusätzliche Informationen eingeholt werden.

• Einen solchen zweiten Weg der Literatursuche
bieten die *Kataloge in einer wissenschaftlichen Bibliothek*. Die meisten wissenschaftlichen Bibliotheken verfügen nämlich außer über einen alphabetischen auch noch über sogenannte Sachkataloge: Während ein *Stichwortkatalog* die Bücher einer Bibliothek unter jenem Wort verzeichnet, das für den jeweiligen Titel einer Schrift am meisten charakteristisch ist, ordnet ein *Schlagwortkatalog* sie einem vom zuständigen Bibliothekar gewählten Begriff (oder mehreren) zu, der den Inhalt oder Gegenstand des jeweiligen Buchs am treffendsten bezeichnet (jedoch in seinem Titel sehr häufig nicht vorkommt).
Ein *systematischer Katalog* schließlich gruppiert die Bücher entsprechend einer übergeordneten Fachsystematik; er führt folglich nur dann weiter, wenn man den übergeordneten Sachgesichtspunkt kennt, unter den das Thema einer zu erstellenden Arbeit fällt (Beispiel: zum Thema »Euthanasie« müßte man unter »Medizinische Ethik«, unter »Leben«, »Sterben« oder »Tod« suchen). Verglichen damit sind die Informationen des Schlagwortkatalogs zu einem bestimmten Thema leichter zugänglich; freilich ist dessen Benutzung erst dann voll ergiebig, wenn man das gesuchte Thema auch unter sinngleichen bzw. ähnlichen Begriffen nachsieht (also z. B. bei einem Thema aus dem Bereich »Eucharistie« auch unter dem Schlagwort »Abendmahl«).
Der praktische Vorteil dieses Verfahrens ist es, daß alle damit aufgespürten Titel in der betreffenden Bibliothek auch vorhanden sind. Verlaß hierauf ist allerdings nur, wenn die Bibliothek einigermaßen gut ausgestattet ist und die Kataloge sorgfältig betreut werden; andernfalls muß mit empfindlichen Lücken gerechnet werden. Ferner ist in den meisten dieser Kataloge bloß das in Buchform erschienene Schrifttum erfaßt, nicht hingegen Beiträge in Zeitschriften und Sammelbänden.

• Dritter Weg
sind die *Bibliographien* (= Schrifttums-Verzeichnisse). Sie verzeichnen das gesamte Schrifttum eines Landes oder Sprachraums (Nationalbibliographien; unter einem anderen Einteilungsgesichtspunkt »allgemeine Bibliographien« genannt) oder eines Faches (»fachbezogene Bibliographien«) oder eines Sachgebiets, einer speziellen Problematik oder gar eines bestimmten Autors (»Spezialbibliographien«), jeweils innerhalb eines ganz bestimmten Zeitraums.
Besonders wichtig sind bei den allgemeinen Bibliographien:

– *Deutsche Bibliographie,* Frankfurt 1947 ff.; besonders:		*DB*
Reihe A = Erscheinungen des Verlagsbuchhandels	Nennt alle im Verlagsbuchhandel der Bundesrepublik und der DDR erschienenen Bücher (neben dem wöchentlichen und dem Halbjahresverzeichnis gibt es Fünfjahreszusammenfassungen).	
Reihe H = Hochschulschriftenverzeichnis	Verzeichnet alle Dissertationen und Habilitationsschriften, auch wenn sie nicht gedruckt im Buchhandel erschienen sind.	
– *Gesamtverzeichnis des deutschsprachigen Schrifttums 1700–1910,* München u. a. 1979 ff., dass. 1911–1965 (München 1976–1981)	Weist in jeweils 150 Bänden das gesamte im Berichtszeitraum erschienene Schrifttum nach, freilich nur nach Autoren.	*GV*
– *Internationale Bibliographie der Zeitschriftenliteratur aus allen Gebieten des Wissens,* Osnabrück 1897 ff. (nach dem Verleger auch der »Dietrich« genannt)	Verzeichnet Aufsätze der international bedeutsamen Zeitschriften nach Sachen und Autoren.	*IBZ*

Für den Theologen von besonderem Interesse sind:

– *Internationale Ökumenische Bibliographie,* München/Mainz 1962 ff.	Nennt die wichtigsten internationalen Buch- und Zeitschriftenpublikationen, die eine unmittelbar ökumenische Thematik haben oder für eine ökumenische Fragestellung bedeutsam sind; mit Inhaltsberichten bzw. Sachregister, Verfasserregister.	*IOB*
– *Internationale Zeitschriftenschau für Bibelwissenschaft und ihre Grenzgebiete,* Düsseldorf 1952 ff.	Verzeichnet nach bibelwissenschaftlichen Sachgebieten Aufsätze in theologischen Zeitschriften und Sammelbänden	*IZBG*

	aus dem In- und Ausland mit kurzen Resümees.	
– *Zeitschrifteninhaltsdienst Theologie,* Tübingen 1975 ff.	Reproduziert die Inhaltsverzeichnisse der laufend erscheinenden theologischen Zeitschriften; Autorenregister; nur sehr grobe Sachgebietsgliederung.	*ZID*

Das Bibliographieren ist das korrekteste, weil vollständigste Verfahren der Literaturermittlung, zugleich allerdings das aufwendigste. (Wie beim Ermitteln über Nachschlagewerke müssen nicht am Ort vorhandene Titel über die Fernleihe bestellt werden.)

• Weitere wichtige *Hilfsmittel* der Literatursuche:

- die letzten Jahrgänge und die neuesten Hefte der Fachzeitschriften
- Literatur-Listen und Semester-Apparate in den Fachbibliotheken, die von den meisten Dozenten zu bestimmten Lehrveranstaltungen zusammengestellt werden.

• Für Fragen der Fachdidaktik Religion sind daneben zu empfehlen:

- *Literaturdokumentation Religionspädagogik.* Theologischer Dienst, München 1983 ff.
  dass. Religionspädagogischer Dienst, München 1983 ff.
  (1976 ff. unter dem Titel *Dokumentation.* Kartei der Literaturdokumentation für Religionsunterricht und kirchliche Bildungsarbeit)

7.2 Wie wertet man die gefundene Literatur aus?

7.2.1 Lesen und Auswählen

Wegen der großen Menge von Veröffentlichungen ist methodische Suche und Beschaffung von Literatur nur dann fruchtbar, wenn sie in einem Prozeß des Auswählens, Durcharbeitens und Ordnens wieder gebündelt wird. Dies geschieht vornehmlich durch Lesen. Im Umgang mit wissenschaftlicher Literatur sollten vor allem zwei Arten des Lesens beherrscht werden: das sichtende Lesen und das studierende Lesen.

• Das *sichtende Lesen* dient vor allem dazu, sich angesichts des vielfältigen Textmaterials einen ersten Überblick und eine grobe Orientierung zu verschaffen: Lohnt sich ein gründliches Durcharbeiten dieses Buchs bzw. dieses Aufsatzes? Betrifft es die von mir zu bearbeitende Fragestellung? Enthält es Anregungen, etwas neu zu sehen oder anders als gewohnt anzugehen? . . . Sichtendes Lesen kann trainiert werden. Es

kommt hierbei darauf an, die hauptsächlichen Fragestellungen und Aussagen eines Textes möglichst schnell herauszufinden. Besonders hilfreich sind hierzu erfahrungsgemäß: das Inhaltsverzeichnis bzw. die Gliederung des Verfassers, die Register am Ende eines Buchs (Namens- und besonders Sachregister), zusammenfassende Abschnitte, Auflistungen und Tabellen, Hervorhebungen des Autors.
Oft kann erst nach genauerem Hinsehen ermessen werden, ob ein Titel zu einer bearbeiteten Thematik etwas enthält. Deshalb muß auf jeden Fall davor gewarnt werden, sich bei der Auswahl nur an den Wortlaut des Titels zu halten. Gleichermaßen fragwürdig ist es allerdings, Vollständigkeit anzustreben. Unter den ermittelten Titeln muß so gut wie immer nach Inhalt, Qualität und Repräsentativität eine Auswahl getroffen werden. Hilfskriterien für diese Entscheidung können vielfach sein: Autor; Verlag, in dem ein Buch bzw. eine Zeitschrift erscheint; Titelformulierung; Alter des Werks; angezielte Adressaten; verarbeitete Literatur; Register.

• Jene Titel, die nach dieser Sichtung für grundlegend, weiterführend oder diskussionswürdig erachtet werden, müssen gründlich studiert werden *(studierendes Lesen)*. Vor allem bei größeren Texten ist es dann hilfreich, sich zuerst einen Überblick über das ganze Werk zu verschaffen, Inhaltsverzeichnis und Einleitung aufmerksam durchzusehen, u. U. auch eine Besprechung zu suchen.
Die Lektüre wird intensiviert, wenn man beim Lesen das Gelesene prüft, sich damit auseinandersetzt, weiterfragt, wichtige Stellen durch An- oder Unterstreichungen hervorhebt (selbstverständlich nur in eigenen Büchern), Unklares, Falsches oder Fragwürdiges markiert, evtl. Gliederungsmomente einträgt (etwa auf den Rand: 1., 2., 3.). Nützlich ist auch der Versuch, nach der Lektüre größerer Abschnitte das Gelesene mit eigenen Worten zu rekapitulieren.

• Bei der Arbeit in der Theologie steht man häufig vor der Notwendigkeit, ein bestimmtes Textstück detailliert zu analysieren und zu *interpretieren* (vgl. dazu auch *Kapitel 6.4.2*). Über die disziplinspezifischen Methoden (etwa der Bibelwissenschaften) hinaus können dabei allgemein folgende Gesichtspunkte von Bedeutung sein:
(1) *Fragestellung:* Was erfragt der Text als ganzer? Um Klärung welcher Frage bemüht er sich?
(2) *Absicht:* Was will der Text beim Leser erreichen (informieren, überzeugen, bestätigen, ermuntern, provozieren, engagieren, einen Geltungsanspruch zum Ausdruck bringen, etwas dokumentieren, . . .)?
(3) *Auswahl der Inhalte:* Welche spezielle Problematik wird ausgewählt? Was wird besonders akzentuiert?

(4) *Literarisches Genus:* Um was für eine Sorte von Text handelt es sich hier (Stück aus einer wissenschaftlichen Monographie bzw. aus einem wissenschaftlichen Aufsatz, Artikel aus einem Fachlexikon, Zeitungsartikel, Popular-Information, lehramtliche Verlautbarung, Bekenntnis, Gebet, Lied, Predigt, didaktischer Kommentar, Erzählung, Bericht, Anklage, . . .)?
(5) *Adressaten:* An wen wendet sich der Text bzw. dessen Autor?
(6) *Argumentation:* Wieweit ist das Gesagte argumentativ begründet, wieweit ist es bloße Behauptung, wertende Meinungsäußerung, Absichtserklärung, Vermutung, Hoffnung, Postulat, persönliches Zeugnis? Welche Vorentscheidungen sind getroffen oder werden beim Leser vorausgesetzt? Worauf beruft sich der Autor (auf andere Autoren, auf den Konsens der neueren Forschung zu einem bestimmten Thema, auf Bibelstellen, auf Dogmen, auf Autoritäten, auf die Vernunft, auf Evidenzen, auf Gemeinplätze »der Mensch von heute« z. B., . . .)?
(7) *Sprache:* Satzbau (Aussagesätze, rhetorische Fragen, Imperative, . . .), Wortwahl (fachspezifische Terminologie, traditionelle Symbole, zeitgenössische Leitwörter, . . .), Verbindlichkeitsanspruch (»sollen«, »müssen«, »können«, »dürfen«, . . .), verstärkende Adverbien (»mit Recht«, »gewiß«, »zweifellos«, »wahrscheinlich«, »so gut wie sicher«, . . .)?
(8) *Akteure:* Von wem bzw. von welchen Personen, Gruppen oder Positionen ist die Rede? Besonders wichtig ist für die wissenschaftliche Argumentation und Darstellung das Auseinanderhalten von subjektivem Bekenntnis des glaubenden Lesers/Schreibers und vorliegendem Zeugnis über den Glauben (also z. B. zwischen: »Jesus« und »der Herr«, »die Christen« und »wir«, »der christliche Glaube« und »unser Glaube«, . . .)?
(9) *Bezüge:* Welche (gegenwärtigen oder historischen) Positionen zum Problem werden vom Autor erwähnt oder ausdrücklich behandelt? Mit welchen identifiziert er sich? Von welchen grenzt er sich ab und wie erfolgt diese Distanzierung (argumentierend, nur wertend, pauschal ablehnend, . . .)?
(10) *Inhaltliche Struktur des Textes:* Wie ist der Text gegliedert (Teile, Unterteile, Zuordnungen)? Wie ist er aufgebaut: historisch, systematisch, eine vorliegende Schrift kommentierend . . .? Welche Funktion haben die einzelnen Abschnitte innerhalb des Textganzen, was sollen sie leisten, warum stehen sie gerade an dieser Stelle eines Textes?

7.2.2 Exzerpieren bzw. Fotokopieren

Auch wenn man bereits eine begründete Auswahl unter den ermittelten Titeln getroffen hat, muß man den gelesenen Stoff noch weiter raffen und sich die wichtigsten Gedankengänge, Textstellen, Argumente und Stellungnahmen leicht verfügbar halten. Weil das Gedächtnis damit meist überfordert sein dürfte, muß das, was man beim Durchlesen geistig geleistet hat, auf andere Weise festgehalten werden.

• Eine erste Möglichkeit hierzu ist das schon erwähnte *Anstreichen, Kommentieren und Untergliedern des Gelesenen* auf dem Rand der jeweiligen Buchseiten selbst. Bei Büchern und vor allem bei Aufsätzen in Zeitschriften, die man selbst nicht besitzt, empfiehlt sich statt dessen, die interessierenden Seiten zu *fotokopieren* und dann entsprechend zu bearbeiten.

• Ein anderes Verfahren, das aber vergleichsweise sehr zeitaufwendig und deshalb nur sinnvoll anzuwenden ist, wenn man sich mit einem Titel sehr gründlich befassen muß oder will oder aber ihn sich nicht auf anderem Weg verfügbar machen kann (weil er z. B. nicht nach Hause ausgeliehen wird), ist das *Exzerpieren.* Exzerpieren ist das Herausschreiben der wichtigsten Gedanken eines Textes.
Ein Exzerpt kann man entweder so anlegen, daß der Text *kontinuierlich* in der Reihenfolge der Gedankenführung in Stichworten, Paraphrasen (= Umschreibungen in eigenen Worten) und/oder wörtlichen Zitaten referiert wird, oder aber der Text wird nur unter der *Perspektive* einer bestimmten Problemstellung ausgewertet. Bei beiden Arten ist folgendes zu beachten:
(1) Im Blick auf die weitere Verarbeitung empfiehlt es sich, nur lose Blätter oder Karteikarten zu verwenden und diese nur einseitig zu beschriften. Die Formatgröße spielt keine Rolle (ab DIN A 5), doch sollte das einmal gewählte Format unbedingt beibehalten werden.
(2) Notiert werden: Name und Vorname des Verfassers, der genaue Titel einschließlich Untertitel, Erscheinungsort und -jahr.
(3) Empfehlenswert ist es, einen breiteren Rand freizulassen für eigene zusätzliche Notizen, Begriffserklärungen, Nachträge oder kritische Anmerkungen. Auf diesem Rand werden zweckmäßigerweise die Seitenzahlen der Vorlage mitnotiert.
(4) Der Autor mit seinen Intentionen hat Vorrang vor den eigenen Interessen. Deshalb ist zu unterscheiden zwischen: wörtlichen Zitaten (Kennzeichnung durch Anfangs- und Schlußstriche), Paraphrasen (= sinngemäße Wiedergabe mit eigenen Worten) und persönlicher Stellungnahme und Kritik.
(5) Außer den Hauptaussagen eines Abschnitts oder Kapitels verdienen

deren Begründungen, Definitionen wichtiger Begriffe, abweichende oder zurückgewiesene Positionen, bisweilen auch illustrierende Beispiele festgehalten zu werden, da sie oft den Schlüssel zum Verständnis darstellen. Hilfreich ist (vor allem beim fortlaufenden Exzerpt) auch die Notierung von Gliederungsmerkmalen aus dem Text; reichen diese nicht aus, fügt man eigene hinzu.
(6) Für häufig wiederkehrende Begriffe ist es von Vorteil, Abkürzungen oder Symbole einzuführen; sie brauchen nur für einen selbstverständlich zu sein, müssen jedoch eindeutig sein und konsequent verwendet werden.

7.2.3 Ordnen

Fotokopien, Notizen und Exzerpte fallen zwar meist anläßlich konkreter Arbeitsaufgaben an, verlieren aber mit deren Erledigung nicht einfach ihren Wert. Zusammen mit Zeitungsausschnitten, kleinen Broschüren, Literaturlisten und ähnlichem, eher zufällig gefundenem Material werden sie zum gelegentlichen Wiedergebrauch wenigstens getrennt nach Studienfächern, besser freilich gleich nach Fachdisziplinen oder Themenkreisen abgelegt. Wenn sich im Lauf der Jahre viel Material angesammelt hat (wozu dem Theologen im Blick auf seine spätere berufliche Tätigkeit auf jeden Fall geraten wird), muß es differenzierter erschlossen werden (Analoges gilt für Vorlesungsmitschriften und vervielfältigte Arbeitspapiere):

- Eine *erste* Möglichkeit besteht darin, nach Sachgebieten oder Schlagwörtern Sammelmappen (Ordner, Aktendeckel, Klarsichtmappen, Hängeregistratur, größere Karteikäsen o. ä.) anzulegen. Für die Bedürfnisse eines späteren Lehrers reicht dieses Verfahren meist aus, wenn es übersichtlich und konsequent gehandhabt wird.

- Eine *zweite*, anspruchsvollere Möglichkeit besteht darin, das Material alphabetisch nach Verfassern abzulegen und außerdem über einen die eigenen Buchbestände einbeziehenden Verfasser- und Schlagwortkatalog zu erschließen. Für eine sinnvolle Schlagwortauswahl kann man sich beispielsweise an der Studienordnung, an den Dispositionen grundlegender Veranstaltungen, an Lehrplänen oder aber am Schlagwortkatalog einer Fachbibliothek orientieren; hilfreich kann auch die Ordnung der Ökumenischen Bibliographie (s. *Kapitel 7.1*) sein.

7.3 Wie verarbeitet man das gewonnene Material?

7.3.1 Sorten wissenschaftlicher Arbeiten im ordentlichen Studium

Sorte	Charakterisierung	Zielsetzung
Schriftliche Hausarbeit	(Die »klassische« Form der schriftlichen wissenschaftlichen Arbeit): Wissenschaftliche Behandlung einer begrenzten Thematik mit Suche und Aufarbeitung der einschlägigen Fachliteratur. Systematische Gliederung, exakte Zitation und Belegung, Anmerkungen, Literaturverzeichnis.	Eigenständige Erarbeitung eines Problems anhand der wissenschaftlichen Literatur. Soll wenigstens ansatzhaft zu einem begründeten eigenen Urteil führen.
Referat	Aufarbeitung einer eng umgrenzten Fragestellung *oder* bestimmter vom Dozenten vorgegebener Literaturtitel *oder* Skizzierung einer bzw. mehrerer Positionen zu einer Frage. Erschöpfende Literaturkenntnis, wissenschaftliches Sprachspiel (exakte Belegung, Anmerkungen, weiterführende Verweise usw.) sowie schriftliche Ausformulierung nicht nötig. Statt dessen liegt ein Schwerpunkt auf der didaktischen und methodischen Vermittlung des Stoffes an die Teilnehmer der betreffenden Lehrveranstaltung. Es empfiehlt sich deshalb, den Stoff zu strukturieren, ein Arbeitsblatt (s. u.) oder ein »Paper« (s. u.) zu erstellen, Tafelbild bzw. Folie einzusetzen und präzise Arbeitsaufträge	Mündlicher Vortrag über eine eng umgrenzte Thematik oder ein bestimmtes Buch. Ingangsetzung eines sachbezogenen Gesprächs und Gegenüberstellung profilierter Positionen.

Sorte	Charakterisierung	Zielsetzung
	für die Teilnehmer bereitzuhalten. Zum Referat gehört oft auch die Leitung der Diskussion.	
Arbeitsblatt *	Kann enthalten: Übersicht mit der Gliederung eines mündlichen Vortrags oder einer knappen Zusammenfassung der Ergebnisse, wichtigstes Textstück eines Aufsatzes, graphische Darstellung, Erklärung zentraler Begriffe, Arbeitsaufgaben für die Teilnehmer.	Grundlage für einen gemeinsamen Arbeitsgang (z. B. Text-Interpretation oder Diskussion). Ersatz für einen Tafelanschrieb oder Zusammenfassung des von den Teilnehmern sich anzueignenden Stoffes.
»Paper« (Diskussionspapier) *	Engagierter Diskussionsbeitrag, eventuell in Form von Thesen, knapp (bedarf der mündlichen Erläuterung), auf das Wesentliche begrenzt. Die Vorkenntnisse der Adressaten bzgl. des Sachproblems und der Literatur müssen berücksichtigt sein.	Zu einem Problem einen begründeten Lösungsversuch vortragen. Oder ein gängiges Lösungsmodell problematisieren. Im Anschluß daran findet eine Diskussion statt, bei der die Teilnehmer in der behandelten Thematik möglichst ähnlich kompetent sein sollten.
Kurzreferat *	Kleinform des Referats (s. o.), auch stichwortartige Zusammenfassung einer schriftlichen Hausarbeit, die in Kurzform den Gang der Argumentation, die Ergebnisse und evtl. den Standpunkt des Referenten mitteilt.	Einbringung notwendiger Zusatzinformation (ohne Diskussion). Oder Greifbarmachung der Ergebnisse von etwas ausführlich Erarbeitetem für die Diskussion einer übergreifenden Frage.

Sorte	Charakterisierung	Zielsetzung
Protokoll	Beim *Ergebnisprotokoll* werden lediglich die wichtigen Punkte der Diskussion und die gewonnenen Einsichten festgehalten. Beim *Verlaufsprotokoll* wird auch berichtet, wie es zu diesen Ergebnissen kam (also über den Gang der Diskussion und evtl. über die Beiträge der einzelnen). Eine eigene Stellungnahme gehört nicht ins Protokoll; ebensowenig werden Anmerkungen und Zitate oder Belege erwartet. Notwendige Angaben (über die unten aufgezählten hinaus): Tag, Sitzungsthema, Leiter der Sitzung, gfls. Name des Referenten.	Sicherung der Information, Vergegenwärtigung des Gesprächsstandes, Anschluß an die vorangegangene Seminarsitzung, Wiederholung wichtiger Erarbeitungsergebnisse.
Zulassungsarbeit	Es gilt in verstärktem Maß das zur »Schriftlichen Hausarbeit« Gesagte. Dazu kommen: Eigenständigkeit in der Literatursuche; Fähigkeit, sich eine Fragestellung selbständig zu erarbeiten; methodische Reflektiertheit; sprachliche und terminologische Genauigkeit.	Gründliche Erarbeitung einer beispielhaften Fragestellung, bei der die Fähigkeit ausgewiesen werden soll, eine Problemlage zu analysieren, sprachlich angemessen zu beschreiben, mit den zur Verfügung stehenden Hilfsmitteln und Methoden anzugehen und einer begründeten Stellungnahme zuzuführen.

* Meist ist es von großem Vorteil, solche Materialien bereits in der Sitzung auszuteilen, die der Besprechung vorausgeht.

7.3.2 Zitieren

In einer wissenschaftlichen Arbeit sollte stets erkennbar sein, welcher Gedankengang, welche Stellungnahme, welche Schlußfolgerung und auch welche prägnante Formulierung von anderen übernommen wurde und welche vom Verfasser der Arbeit selbst stammt. Erreicht wird dies durch Angabe des Fundortes. Wird eine Passage aus der Vorlage im Wortlaut übernommen, spricht man vom *Zitat*.

● Für das Zitieren gelten folgende Regeln:

(1) Jedes Zitat muß als solches gekennzeichnet werden (Anführungs- und Schlußzeichen).

(2) Jedes Zitat muß exakt belegt werden (Literaturverweis s. u. mit Seitenangabe). – Das gilt übrigens auch dann, wenn ein Gedankengang mit eigenen Worten referiert wird; der entsprechende Beleg wird mit »Vgl.« eingeleitet, ansonsten aber mit den gleichen Angaben versehen wie der Beleg zum Zitat.

(3) Jedes Zitat muß genau sein. Das bedeutet sowohl, daß die Aussage eines Autors durch Zitieren in einem neuen Kontext nicht entstellt werden darf, als auch, daß das Zitat in Textbestand, Orthographie, Zeichensetzung, Hervorhebungen vollständig zu übernehmen ist.
Auslassungen sind durch drei Punkte in eckigen Klammern zu markieren; ebenfalls durch eckige Klammern kenntlich gemacht werden müssen eigene *Zusätze* des Verfassers, die ein Zitat vom Sinn oder von der Syntax her evtl. verlangt.
Eigene *Hervorhebungen* im zitierten Text (Unterstreichung oder Sperrung) müssen in der Anmerkung vermerkt werden, z. B. so: (Hervorhebung nicht im Original). Nicht übernommen werden lediglich im ursprünglichen Text vorkommende Anmerkungs-Ziffern.

(4) Jedes Zitat muß unmittelbar sein, das heißt, der Verfasser muß das angeführte Zitat nach der ursprünglichen Quelle zitieren. Es reicht nicht, ein bei einem anderen Autor gefundenes Zitat ohne Nachprüfung zu übernehmen; andernfalls werden auch eventuelle Fehler und Ungenauigkeiten übernommen.
Ist die Primärquelle nicht erreichbar oder aber fremdsprachlich, so muß der Beleg für das sekundär übernommene Zitat den Zusatz erhalten: »zitiert nach: . . .«.
(Beispiel: *Basilius,* Ethica: PG 31, 867–870, zitiert nach: *Hans Urs von Balthasar,* Die großen Ordensregeln, Einsiedeln ^{4}1980, 60f.)

7.3.3 Anmerkungen

Anmerkungen sollen den Text ergänzen; deshalb ist dieser so abzufassen, daß er auch ohne Anmerkungen gelesen und verstanden werden kann. Zugleich sollen Anmerkungen das vom Verfasser Behauptete nachprüfbar machen, ohne den Haupttext zu kompliziert werden zu lassen. Die Funktionen von Anmerkungen können demnach recht unterschiedlich sein.

• Vor allem können sie dienen:
- der genauen Angabe der Quelle, aus der im Haupttext zitiert wurde oder die dem Text zugrunde liegt. Dies könnte etwa so formuliert werden:

  Vgl. zum Folgenden *Alex Stock,* Umgang mit theologischen Texten. Methoden, Analysen, Vorschläge, Zürich u. a. 1974, 58–67.
- einem Exkurs, d. h. einem weiterführenden, in sich geschlossenen Gedankengang, der, stünde er im Haupttext, den gedanklichen Zusammenhang unterbrechen würde, aber doch so wichtig ist, daß er dem Leser mitgeteilt werden soll;
- der Nennung weiterer Spezialliteratur, auf die im Text nicht ausdrücklich eingegangen wird, die aber die Möglichkeit zu tieferem Eindringen gibt;
- der Erklärung von Begriffen oder der Verdeutlichung eines Gedankens oder der Nennung von Beispielen;
- der kritischen Auseinandersetzung mit abweichenden Positionen;
- evtl. auch der Übersetzung fremdsprachlicher Zitate oder gerade umgekehrt der Zitierung des fremdsprachlichen Originalwortlauts.

• *Formal* setzt man im Text die Anmerkungsziffer ohne Zwischenraum als Hochzahl hinter das entsprechende Bezugswort, hinter das Schlußzeichen eines Zitats oder – wenn sich die Anmerkung auf den ganzen Satz bezieht – hinter das abschließende Satzzeichen. Die Anmerkungen selbst werden dann entweder in einem separaten *Anmerkungsteil* im Anschluß an den fortlaufenden Text zusammengefaßt (dann fortlaufend durch die ganze Arbeit numerieren!) oder in Form von *Fußnoten* auf den unteren Teil der jeweiligen Seite geschrieben. In diesem Fall bringt man unter der letzten Zeile des laufenden Textes auf der Seite links unten einen kleinen Querstrich an und schreibt darunter die entsprechende Anmerkungsziffer und den Text der Anmerkung (engzeilig); man kann die Anmerkungen dann auch kapitel- oder seitenweise numerieren.
Anmerkungen sollten möglichst knapp gehalten werden. Zitierte Quellen bezeichnet man am besten bei der *ersten Nennung* in der Anmerkung vollständig. Bei *späteren Verweisungen* auf denselben Titel beschränkt man sich dann auf den Familiennamen des Verfassers und eine Kurzform des Titels mit Seitenangabe. Wird von einem Verfasser nur ein Werk genannt und dieses an mehreren Stellen herangezogen, so genügt anstelle der vollständigen oder abgekürzten Titelnennung die Angabe des Verfassernamens mit dem Kürzel »a.a.O.« (= am angegebenen Ort) sowie Seitennennung. Bezieht man sich in einer Anmerkung auf

den in der unmittelbar vorausgegangenen Anmerkung genannten Titel, so genügt die Angabe »Ebd.« (= Ebenda) mit Seitenzahl. Liegen die Quellenangaben weiter auseinander, kann man dem Leser das Auffinden der ersten Nennung durch eine Verweisung auf jene Anmerkung, die die bibliographischen Angaben enthält, erleichtern (z. B.: Vgl. *Bocheński,* Logik (s. o. Anm. 7), 101–103).
Man kann Zitate auch direkt im Text ausweisen. Die in Klammern gesetzten Verweisungen enthalten dann den Namen des Autors (ohne Vornamen), das Erscheinungsjahr der Arbeit und die Seite, auf der das Zitat zu finden ist (z. B.: *Rahner* 1976, S. 37); bei mehreren zitierten Arbeiten desselben Autors aus dem gleichen Erscheinungs- bzw. Auflagenjahr wird die Jahresangabe dann – in der Reihenfolge des Literaturverzeichnisses – mit kleinen lateinischen Buchstaben versehen (z. B. *Rahner* 1976 d, S. 37). Dieses Verfahren ist allerdings nur in Verbindung mit einem genauen alphabetischen Literaturverzeichnis praktizierbar.

7.3.4 Gliedern

Für die Struktur einer wissenschaftlichen Arbeit gilt allgemein, daß sie erstens *logisch aufgebaut* sein muß und zweitens, daß die Gliederung den *Gedankengang* des Verfassers *klar* erkennen lassen soll. Um letzteres zu erreichen, müssen die Überschriften der einzelnen Abschnitte so formuliert werden, daß sie zum Ausdruck bringen, wovon die entsprechenden Abschnitte handeln. Die Gliederung ist so zu differenzieren, daß eine *gute Übersicht* ermöglicht wird; sie sollte jedoch keineswegs so weit getrieben werden, daß der ganze Text in Abschnitte von der Größe eines oder weniger Sätze aufgelöst wird. – Als drittes sollte die Gliederung *einigermaßen ausgewogen* sein, das heißt, Teile mit gleicher Funktion sollten *ungefähr* gleiche Länge haben, wenn es nicht von der Sache her anders gerechtfertigt ist.

• *Modell einer Gliederung*
(In Anlehnung an: *Oskar P. Spandl,* Die Organisation der wissenschaftlichen Arbeit. Studienbuch für Studenten aller Fachrichtungen, Braunschweig 1971, 54–56.)
Die folgenden Abschnitte B, C und E sind für Anfänger meist zu schwierig. Sie sollten aber bei anspruchsvolleren, wissenschaftlichen Arbeiten angegangen werden.
Nach dem Dezimalklassifikationssystem bekämen die Abschnitte der Gliederung die rechts stehenden Nummern.

A. *Einleitung:* Reflexion der Problemstellung, Abgrenzung, Ziel und Vorgehensweise		1
B. *Vorgefundene Voraussetzungen in der Literatur* (kann auch in *D*. eingearbeitet werden!)		2
I. Ursprünge, d. h. überlieferte Problemstellungen und -lösungen		2.1
II. Weiterentwicklung		2.2
III. Entwicklung in der Gegenwart		2.3
1. Neuere Forschungsergebnisse		2.3.1
2. Beziehungen zu benachbarten Problemkreisen		2.3.2
C. *Material und Methodik*		3
I. Material		3.1
1. Beschreibung des Materials		3.1.1
2. Besonderheiten des Materials		3.1.2
II. Methoden		3.2
D. *Eigene Darstellung bzw. eigene Untersuchungen* (Grobeinteilung nach Gesichtspunkten der zu untersuchenden Sache oder der Mehrschichtigkeit des Problems)		4
I.		4.1
1.		4.1.1
2.		4.1.2
3. Ergebnisse	oft auch mit-	4.1.3
II.	einander in	4.2
1.	Beziehung ste-	4.2.1
2.	hend (ver-	4.2.2
3. Ergebnisse	gleichende Be-	4.2.3
III.	handlung)	4.3
1.		4.3.1
2.		4.3.2
3.		4.3.3
E. *Vergleich mit und Kritik an bisherigen Ergebnissen*		5
F. *Schluß:* Zusammenfassung der gewonnenen Ergebnisse, Nennung neu entstehender Fragen und Andeutung eventueller Konsequenzen		6

Es ist demnach selbstverständlich, daß es immer zu 1 auch wenigstens 2 geben muß, zu a) auch wenigstens b). Überschriften sollten nach Möglichkeit formal einander entsprechen, also entweder in ganzen Sätzen ausformuliert oder begrifflich verkürzt werden.

7.3.5 Die äußere Gestaltung der Reinschrift

Eine schriftliche Arbeit, die man abgibt, sollte mit der Maschine geschrieben werden. Es empfiehlt sich, für die eigenen Akten wenigstens eine Kopie anzufertigen.

Format: DIN A 4

Seitenzahlen: stehen am oberen Rand in der Mitte der Seite zwischen Gedankenstrichen oder oben rechts ohne Zusatz. Das Titelblatt bleibt unnumeriert, wird aber bei der Zählung berücksichtigt.

Rand: linker Rand: ca. 5–6 cm,
oben und unten: ca. 3 cm.

Beschriftung: einseitig

Schriftbild: Zeilenabstand 1½, Anmerkungen jedoch engzeilig.
Absätze im Text werden durch Erweiterung des Abstandes zwischen den Zeilen oder auch durch Einrücken der jeweils ersten Zeile eines Abschnitts um einige Anschläge kenntlich gemacht.
Hervorhebungen durch Unterstreichen

Gesamtanlage:
- Titelblatt
  (enthält: Verfasser mit Adresse und Semesterzahl, Thema der Arbeit, Titel und Dozent der zugehörigen Lehrveranstaltung bzw. Gutachter der Examensarbeit)
- Inhaltsverzeichnis (Gliederung)
- Literaturverzeichnis (evtl. an den Schluß)
- falls sinnvoll: Abkürzungsverzeichnis
- evtl. Anmerkungen
- Literaturverzeichnis

7.3.6 Literaturverzeichnis

Zu einer wissenschaftlichen Arbeit gehört ein Verzeichnis der Literatur zum Thema. Es sollten darin aber nur die Titel genannt werden, die der Verfasser einer Arbeit tatsächlich durchgearbeitet hat und die in irgendeiner, sei es auch nur kritischen Weise, in der Arbeit berücksichtigt wurden.

• Anordnung

alphabetisch: Die Literatur-Titel werden in alphabetischer Reihenfolge geordnet. Mehrere Arbeiten desselben Autors werden nach dem Erscheinungsjahr der Arbeiten geordnet. Die Vorsatzwörter bei den

Autorennamen »von«, »van der«, »de« usw. werden beim Einordnen nicht berücksichtigt,
oder
chronologisch: Die Titel werden dann in der Reihenfolge des Erscheinungsjahres geordnet. Mehrere Arbeiten verschiedener Autoren im selben Erscheinungsjahr werden in alphabetischer Reihenfolge der Verfasser verzeichnet,
oder
systematisch: Die Titel werden nach Sachgebieten geordnet. Diese Klassifikation setzt eine umfassendere Sachkompetenz voraus.

Für eine streng textbezogene Arbeit eignet sich hingegen die Aufteilung in *Primärliteratur* (auch »Quellen« genannt; man versteht darunter Werke mit eigenständigem Inhalt und in der ursprünglichen Veröffentlichungsform) und *Sekundärliteratur* (das ist Literartur über diese Quellen). Nach Bedarf muß man noch eine dritte Kategorie »Sonst noch benutzte Literatur« bilden. Innerhalb dieser zwei bzw. drei Abteilungen kann wieder alphabetisch oder chronologisch verfahren werden.

• *Form einer Titelangabe*

(1) Bei Büchern
Vor- und Familienname, Titel. Untertitel, Erscheinungsort, Auflage (durch hochgestellte Ziffer vor dem Erscheinungsjahr; nur vermerken, sofern es sich nicht um die erste Auflage handelt) und Erscheinungsjahr, eventuell Reihe (nur bei gezählten Reihen) mit Band oder Nummer (in Klammern)
– Beispiele für einige typische Fälle von Titelangaben:

ein Verfasser: *Heinrich Zimmermann,* Neutestamentliche Methodenlehre. Darstellung der historisch-kritischen Methode, Stuttgart ^{6}1978

ein Verfasser, Titel in einer Reihe: *Oswald von Nell-Breuning,* Gerechtigkeit und Freiheit. Grundzüge katholischer Soziallehre, Wien u. a. 1980 (= Soziale Brennpunkte 8)

zwei Verfasser: *Gerhard Sauter/Alex Stock,* Arbeitsweisen Systematischer Theologie. Eine Anleitung, München/Mainz 1976 (= studium theologie 2)

drei Verfasser: *Eugen Paul/Günter Stachel/Wolfgang Langer,* Katechismus – Ja? – Nein? – Wie? Drei Diskussionsbeiträge, Zürich u. a. 1982 (= Studien zur Praktischen Theologie 25)

vier oder mehr Verfasser ohne Herausgeber: *Bernhard Casper u. a.,* Jesus – Ort der Erfahrung Gottes, Freiburg u. a. 1976
oder: Jesus – Ort der Erfahrung Gottes. Mit Beiträgen von B. Casper u. a., Freiburg u. a. 1976

Sammelband mit Herausgeber: *Walter Kasper (Hrsg.),* Unser Wissen vom Menschen. Möglichkeiten und Grenzen anthropologischer Erkenntnisse, Düsseldorf 1977 (= Schriften der Katholischen Akademie in Bayern 76)

Sammelband mit zwei oder mehreren Herausgebern: *Anselm Hertz u. a.* (Hrsg.), Handbuch der Christlichen Ethik, 3 Bde., Freiburg u. a./Gütersloh 1978–82

(2) Bei Zeitschriften-Aufsätzen
Vor- und Familienname, vollständiger Titel, in: Titel der Zeitschrift mit Jahrgang, Erscheinungsjahr (in Klammern), Seitenzahlen von Beginn bis Ende des Aufsatzes
– Beispiel:

Max Seckler, Die Aufklärung – eine Herausforderung für das Christentum als Offenbarungsreligion, in: Theologische Quartalschrift 159 (1979), 82–92

(3) Bei Beiträgen in Sammelbänden, Lexikonartikeln und Hochschulschriften wird analog verfahren
– Beispiele:

Beitrag in einem Sammelband ohne Herausgeber: *Karl Lehmann,* Dogmenhermeneutik am Beispiel der klassischen Christologie, in: *Bernhard Casper u. a.,* Jesus – Ort der Erfahrung Gottes, Freiburg u. a. 1976, 190–209
Beitrag in einem Sammelband mit Herausgeber: *Franz Böckle,* Ungeborenes Leben – zur Disposition gestellt?, in: *ders.* (Hrsg.), Schwangerschaftsabbruch als individuelles und gesellschaftliches Problem, Düsseldorf 1981 (= Schriften der Kath. Akademie in Bayern 102), 122–137
Lexikonartikel ohne Autorennennung: Art. Nirwana, in: Brockhaus Enzyklopädie in 20 Bänden, Wiesbaden ^{17}1966–1974, Bd. 13, 486
Lexikonartikel mit Autorennennung: *Johannes Gründel,* Art. Geburtenregelung, in: *Bernhard Stoeckle* (Hrsg.), Wörterbuch Christlicher Ethik, Freiburg u. a. ^{3}1983, 98–100
Dissertation in Maschinenschrift: *Hermann Zabel,* Verweltlichung – Säkularisierung. Zur Geschichte einer Interpretationskategorie, Diss. Phil., Münster 1968

Titelangaben sind bei Büchern vom Titelblatt zu entnehmen, nicht vom Umschlag oder vom Buchrücken. Bei Aufsätzen in Zeitschriften ist die genaue Angabe der ersten Seite des Aufsatzes zu entnehmen, nicht dem Inhaltsverzeichnis.
Älteren Büchern fehlt bisweilen die Angabe des Erscheinungsortes und/oder des Erscheinungsjahres. In einem solchen Fall setzt man an die entsprechende Stelle die Abkürzung »o. O.« (= ohne Ort) und/oder »o. J.« (= ohne Jahr).
Die gebräuchlichen Abkürzungen für Zeitschriften und Nachschlagewerke finden sich in den Abkürzungsverzeichnissen zu Beginn der großen Fachlexika und der Handbücher. Für die Theologie sind richtungweisend:
Lexikon für Theologie und Kirche, hg. von *Josef Höfer/Karl Rahner,* 2., völlig neu bearb. Aufl., Freiburg u. a. 1957–67, Bd. I, 7ff. bzw. 16ff. (abgekürzt: $LThK^2$ I, 7ff. bzw. 16ff.);
Sacramentum mundi. Theologisches Lexikon für die Praxis, hrsg. von *Karl Rahner/Adolf Darlap,* Freiburg u. a. 1967–69, Bd. I, XIIIff. (abgekürzt: SM I, XIIIff.);

Die Religion in Geschichte und Gegenwart. Handwörterbuch für Theologie und Religionswissenschaft, hrsg. von *Kurt Galling,* 3., völlig neu bearb. Aufl., Tübingen 1957–65, Bd. I, XVIff. (abgekürzt: RGG^3 I, XVIff.);

Siegfried Schwertner, Internationales Abkürzungsverzeichnis für Theologie und ihre Grenzgebiete. Zeitschriften, Serien, Lexika, Quellenwerke mit bibliographischen Angaben, Berlin 1974 (erschienen 1976 in überarbeiteter Fassung auch als Abkürzungsverzeichnis zur Theologischen Realenzyklopädie, hrsg. von *Gerhard Krause/Gerhard Müller,* Berlin/New York 1976ff. [abgekürzt: TRE]).

8 Statt eines Nachworts

In einem sehr packenden Vergleich beschreibt der hl. Thomas symbolisch das Ringen des Theologen mit dem Mysterium Gottes. Er erinnert an den Kampf Jakobs mit dem Engel (Gn 29) und sagt: Die ganze Nacht hindurch rangen sie miteinander unter Anspannung aller Kräfte, ohne daß einer von beiden nachgab. Als der Morgen dämmerte, verschwand der Engel und überließ das Feld scheinbar seinem Gegner; Jakob aber verspürte einen heftigen Schmerz im Schenkel; er trug eine Wunde davon und hinkte. So packt der Theologe das Mysterium an, vor das Gott ihn gestellt hat; er spannt seine Kräfte an und stemmt sich auf die Menschenworte, mit denen dieses Mysterium zum Ausdruck gebracht wird; er faßt die Objekte mitten um den Leib; er scheint sie zu bewältigen, verspürt aber dabei eine zugleich schmerzliche und beseligende Schwäche, denn so besiegt zu werden, ist in Wirklichkeit die Gewähr dafür, daß er mit Gott ringt.

Aus einer Predigt von *Marie Dominique Chenu,* in: Die Zukunft der Kirche. Berichtband des Concilium-Kongresses 1970, Benziger Verlag, Zürich u. a./Matthias-Grünewald-Verlag, Mainz 1971, 41–44, hier 44.

9 Abkürzungen

Auf Abkürzungen haben wir in diesem Buch weitestgehend verzichtet. Nur einige wenige Werke, deren Abkürzungen jedem Theologen vertraut sein müssen, wurden abgekürzt:

DS — *Heinrich Denzinger* (Hrsg.), Enchiridion symbolorum definitionum et declarationum de rebus fidei et morum. 34. Auflage, hrsg. von *Adolf Schönmetzer,* Barcelona u. a. 1967

LThK — Lexikon für Theologie und Kirche, 2. Auflage, hrsg. von *Josef Höfer/Karl Rahner,* 10 Bände, Freiburg u. a. 1957–1967

LThK.E — Lexikon für Theologie und Kirche. Ergänzungsbände: Das Zweite Vatikanische Konzil. Dokumente und Kommentare, hrsg. von *Heinrich Suso Brechter* u. a., 3 Bände, Freiburg u. a. 1966–1968

NR — *Josef Neuner/Heinrich Roos* (Hrsg.), Der Glaube der Kirche in den Urkunden der Lehrverkündigung, 8. Auflage, neu bearbeitet von *Karl Rahner/Karl-Heinz Weger,* Regensburg 1971. (Die Texte dieser Sammlung tragen ähnlich wie bei DS durchgehende Nummern. Die Numerierung wurde von der 7. zur 8. Auflage verändert.)

Für die Entschlüsselung weiterer Abkürzungen vgl. die Hinweise am Ende von *Kapitel 7.3.6.*

Register der Textautoren

DM 24.80/84